정책으로 정치를 풀다

초선의원 백 번의 토론회

정책으로 정치를 풀다

김병욱 지음

모아북스
MOABOOKS

| 차례 |

1장   특권을 내려놓고 일하는 국회 만들기에 나서다

2장   백 번의 토론회, 정책으로 정치를 풀다

3장 살기 좋은 우리 분당, 더 살기 좋게

4장 치열했던 내 젊은 날

초선 국회의원으로서
정쟁이 아니라 순전히 정책으로
국민이 바라는 정치에 매진한
나의 의정활동

먼저 분당 주민 여러분께 고맙다는 말씀을 드린다.

2011년 보궐선거 이전만 해도 분당은 사람 중심이 아닌 특정 정당의 깃발만 들면 당선이 당연시되던 지역이었다. 보궐선거를 계기로 조금씩 변화하는 기류를 보였지만 여전히 힘지였다. 더구나 나는 더 얄미울 법한 경상도 출신의 민주당 후보였다.

정치에 발을 들일 무렵 나는 이미 10년 넘게 살아온 분당 주민이었다. 내가 만약 국회의원 자리에만 욕심을 부렸다면 지역에서 유리한 특정 정당에 줄을 섰을 것이다. 그러나 나는 무엇보다 시대 변화에 맞는 정치 변화에 대한 갈망이 컸다. 그래서 내가 생각하는 방식의 변화를 추구하는 데 가장 적합하다고 여긴 깃발을 들고 기꺼

이 험한 길을 자청했다.

내가 뿌리를 내리고 사는 삶터, 분당에서부터 변화를 일으키고 싶었다. 쉽지 않은 길이었지만 나는 흔들림 없이 우직하게 진심을 보였다. 2012년 총선에서는 비록 고배를 들었지만 정치 신인, 그것도 민주당 후보로서는 괄목할 득표율을 보였다. 그것은 패배가 아니라 변화를 향해 나아가는 희망의 디딤돌이었다.

과연 분당 주민들은 2016년 총선에서 내 손을 잡아주었다. 변화를 선택한 것이다. 당시 언론 보도대로 이변이 일어난 것이다. 그래서 고맙다는 말씀을 드리지 않을 수 없다.

분당에는 지역구 의원으로서 내가 실마리를 풀어야 할 일들이 쌓여 있었다. 나는 그 일들을 지역 차원을 넘어 국가 차원에서 접근함으로써 문제를 훨씬 효과적이고 생산적으로 해결하고자 했다. 나랏일을 하는 국회의원이라면 마땅히 그런 태도를 가져야 했다.

오래 묵은 현안도 적잖았지만 나는 새로운 현안을 찾아내고 만들어냈다. 그것은 당연시되어온 것들에 대한 합리적인 의심으로부터 시작되었다. 나는 그 의심을 구체화하여 하나의 가설을 세웠다. 그리고 그 가설에 의거하여 해결 방안을 연구했는데, 이때 여러 사람의 지혜를 모아야 했다. 그래서 반드시 토론회를 열었는데, 4년

간 100번을 기록했다. 토론회는 더 나은 방안을 이끌어내는 것이 목적이지만 그 과정에서 현안을 공론화하고 공감대를 넓히는 역할도 한다.

그렇게 도출된 결론을 토대로 법안을 입안하여 발의하는데, 토론회부터 상임위와 본회의 통과까지 동료 의원들의 지지와 도움이 절대적으로 필요하다. 그래서 국회에서 열리는 토론회가 많다. 국회는 주요 언론이 모두 모여 있는 곳이므로 공론화하기에도 좋다.

이처럼 내가 정책을 기반으로 하는 상임위 중심의 의정활동을 활발하게 펼친 뜻은 제도 개선을 통해 실질적인 사회 변화를 이루는 데 있다. 아울러 "밥값도 못 한다"는 국회의원에 대한 국민의 부정적인 인식을 돌려놓고자 하는 혼신의 노력이기도 하다. 명실상부하게 국민을 대의하는 국회의원, 즉 일하는 국회의원의 모습을 보여주고자 무던히도 애쓴 것이다.

내가 생각하는 정치는 무슨 거창한 의미보다는 "내 지역, 내 주변 사람들의 삶이 조금이나마 나아지도록 미력하나마 힘이 되어주는 것"이다. 억울한 일을 당해도 어디 하소연할 데 없는 분들의 말을 들어주고 눈물을 닦아주고 대변해주는 것이다. 중요한 것은, 여기서 그치지 않고 억울한 일을 두 번 당하지 않도록, 눈물을 두 번 흘리지

정책으로 정치를 풀다

않도록 제도적으로 뒷받침하는 일이다.

그래서 국회의원이 되자마자 그 본연의 책무를 다하고자 민심을 살피고 온전히 일에 매달린 것이다. 넘치는 것은 덜어내고 모자란 것은 채워넣고자 했다. 막힌 데는 뚫고 무너진 곳은 다시 세우고자 했다. 낡아서 역할을 다한 것은 새롭게 하고자 했다.

이러느라 눈코 뜰 새 없이 분주했던 나의 의정 1기는 '만점 활동'이라는 평가 위에 해마다 우수의원상을 수상하는 영광을 누렸다. 누구보다 지역 주민 여러분이 함께해준 덕분이고, 국민과 동료 의원 여러분이 지지와 응원을 아끼지 않은 덕분이다. 나의 의정 2기가 주어진다면, 앞으로도 더 먼 곳을 바라보되 가까운 자리도 세심히 살피면서 더 나은 미래를 준비하는 국회의원으로서 있는 힘과 지혜를 다 쏟을 것이다.

아무쪼록 이 책이 여러분과 소통하는 좋은 매체가 되었으면 좋겠다.

김병욱

저성장 저금리 시대에 맞는
새로운 기업환경과 규제의 틀을 고민하다

정책으로 정치를 풀다

"세계 경제와 한국 경제는 불확실성의 시대를 맞아 새로운 변화를 요구하고 있습니다.

수요는 줄어들고 공급은 넘쳐나는 수축사회에 맞는 기업환경을 누가 먼저 만들어 가는지에 따라 국제 경쟁에서 살아남고 내수시장에서도 활력을 불어넣을 수 있습니다. 저성장 시대에 맞는 새로운 고민이 필요한 때입니다.

새로운 변화의 시대에는 새로운 규제의 틀을 우리가 재검토해볼 수 있는 용기와 결단과 도전이 필요합니다."

2019년 7월 10일 대정부질문 발언 중에서

저성장 저금리 시대에 맞는 새로운 기업환경과 규제의 틀을 고민하다

뉴노멀 시대,
변화하는 시대에 맞는 새로운 정책이 필요하다

2008년 글로벌 금융 위기 이후에 세계 경제는 저성장, 저물가, 저금리라는 이른바 '3저 시대'를 맞고 있다. 이러한 세계 경제 현상을 '뉴노멀'이라고 하는데, 우리도 당연히 예외는 아니다.

이런 세계 경제 흐름의 변화에 따라 우리 정부도 국민과 소통하고 공감하며, 국민과 함께 하는 자세가 필요하다.

많은 경제 주체들이 아직도 과거의 고성장 시대의 관념에 붙들려 있으며, 그런 관념을 바탕으로 비난과 가짜 뉴스를 쏟아내고 있다. 정부는 뉴노멀 시대에 맞는 홍보를 통해 국민들이 뉴노멀 시대를 공감할 수 있도록 충분한 자료와 기회를 제공해야 한다.

SK하이닉스가 최근에 경기도의 약 100만 평 부지에 반도체 클러스터를 조성한다는 계획을 발표했다. 약 120조 원에 달하는 대규모 사업인데, 2006년 노무현 정부의 파주 LG디스플레이 공장 신설 이후 수도권에서 있는 가장 큰 규모의 공장 증설이 아닐까 싶다.

기업을 시작하려는 창업자라든지 증설하려는 기존 기업가라든지 이주하려는 기업가들은 수도권 규제에 대해 큰 부담을 갖고 있

정책으로 정치를 풀다

는 게 사실이다. 이번에 하이닉스의 경우를 보면 반도체 관련 부품·소재 업체의 약 64%가 경기도에 밀집되어 있다. 그러다 보니 경기도로 가는 것이 산업의 시너지 효과 면에서 당연한 귀결인데, 지금 우리나라의 수도권 규제는 그에 반하는 실정이다.

지역특구를 설립해서 클러스터를 조성하겠다는 발표를 했지만 수도권은 제외되어 있어서 문제는 여전히 남는다. 기업인들을 만나 보면 규제 완화에 대한 하소연이 가장 많다. 규제 완화 중에서 가장 큰 부분을 차지하는 것이 수도권 규제다.

최근 정부가 발표한 투자를 하면 세제 지원을 해 주겠다는 것은 물론 좋은 제도라고 생각한다. 그런데 문제는 투자가 된 이후에야 세제 지원을 받을 수 있다는 것이다. 지금 현실은 기업들이 투자를 안 하는 것이다. 기업들이 투자를 하게끔 기업하기 좋은 환경을 만들어 주는 것이 필요하다. 투자하면 세제 혜택을 주는 것만으로 과연 기업을 움직일 수 있는 매력적인 제안인지에 대해 정부가 고민해 봐야 할 때다.

현재의 수도권 규제는 1980년대 고성장 시대에 만든 것이고, 성장의 과실이 골고루 돌아가지 않기 때문에 국토 균형 개발 차원에서 만든 규제다. 상당히 의미가 있고 지금까지 잘 적용되어온 측면도 있다고 생각한다. 그런데 지금은 저성장 시대로 접어들었다. 물론 저성장 시대이기 때문에 더 계층 간, 지역 간의 불균형과 차별이 있을 수는 있지만 그렇기 때문에 기업을 하기도, 기업이 이윤을 내기도 더 어렵게 되었다. 따라서 시장은 더욱 승자 독식 구도로 기울고 있다.

이럴 때 과연 우리가 고성장 시대에 만들었던 규제를 계속 유지해야 하는지 근본적인 고민을 정부가 해야 한다고 생각한다.

분당에는 분당서울대병원을 비롯한 대형 종합병원이 3개나 있고, 헬스케어, 바이오 관련 업체들이 몰려 있는 집적지구다. 그럼에도 불구하고 이런 특구 지정을 원천적으로 봉쇄당하고 있는 상황이다.

진정으로 양질의 일자리를 창출해내고 새로운 성장 산업을 육성하는 데 필요하고, 관련 업체들이 모여 있어 업종 간 시너지 효과가 나는 특수한 상황일 때는 수도권 규제를 예외적으로 적용해야 한다. 그런 게 바로 우리가 바라는 기업하기 좋은 환경을 만드는 것이고, 그래야 기업이 투자를 해서 경제가 살아날 수 있다고 본다.

정책으로 정치를 풀다

경제는 심리, 정책은 타이밍이다

발상의 전환이 필요한 때다. 혁신을 위한 과감한 도전이 필요하다. 경제에 대한 불안한 심리가 다시 경기 침체로 이어지는 악순환에 빠지지 않도록 적기 집행이 필요한 예산과 시급히 처리해야 할 각종 민생 법안을 국회가 뒷받침해야 한다.

정치권도 당리당략에 얽매여 우리 경제의 미래를 위한 중요한 시기를 놓치지 말고 한마음으로 국민을 위한 경제, 국민이 행복한 경제를 만들기 위해서 함께 노력하면 좋겠다.

"분당은 제2의 고향, 나는 분당의 진짜 주민!"

2001년에 분당으로 이사 오기 전에는 김포에서 살았다.

그때는 정치에 발을 들여놓기 한참 전이었다. 그런데 아이들이 심한 아토피로 고통을 겪고 있었다. 그래서 아토피 치료에 좋을 법한 동네를 찾다 보니 분당이 내 마음에 쏙 들어왔다. 무엇보다 여러 야산과 많은 녹지 공원 그리고 탄천이 있어 풍광이 뛰어날뿐더러 공기가 맑았다. 그렇게 뿌리를 내리고 지금껏 살고 있는 분당은 이젠 내게 고향이나 다름없다.

"더 살기 좋은 마을을 만드는 데 봉사하고자
풀뿌리 민주주의의 현장으로 들어갔다."

내가 사는 곳은 수내동(藪內洞) 푸른마을이다. 불곡산 기슭에 자리 잡은 데다가 중앙공원을 비롯한 많은 공원과 숲으로 둘러싸여 있어

주거 환경으로는 더할 나위 없다.

2004년, 그러니까 분당에 산 지 3년 만에 아파트 동 대표를 맡았다. 풀뿌리 민주주의를 최전선에서 체험한다는 생각에 관심이 갔다. 그렇게 동 대표를 2년 하고 나서 내친 김에 푸른마을 입주자대표회의 회장이 되었다. 푸른마을은 분당에서 가장 큰 단지다. 게다가 현직 경제 전문가가 대표 회장을 맡았으니, 다들 어찌 하는가 보자며 주시했다. 동 대표들은 나를 회장으로 뽑으면서 아파트 관리를 둘러싼 잡음을 없애고 투명한 관리체계를 세워줄 것을 기대했다. 나는 그 기대에 부응하기 위해 최선을 다했다. 관리에 관한 모든 과정과 회계가 투명하게 공개되도록 시스템을 개선하고 불필요한 경비를 절감했다. 그 대신 아주 큰 예산이 들어가는 일도 꼭 필요하다면 과감하게 추진했다.

가령, 노후하여 안전이 염려되는 승강기 교체 작업은 워낙 큰 비용이 들어가는 데다 뒷말이 나올까 두려워 아무도 엄두를 못 내던 것인데, 나는 주민들의 의견 수렴과 동의 절차를 거쳐 충분히 무리 없이 해냈다. 별도의 충당금을 신설하여 부과하는 한편, 사업비를 할부로 지급하는 조건을 붙여 난제를 해결한 것이다. 이 과정에서 주민투표를 세 번이나 했을 만큼 역동적인 풀뿌리 민주주의의 현장을 창출했다.

첫 임기가 끝날 즈음에 주택법이 개정되어 대표 회장을 주민 직선으로 뽑게 되었는데, 나는 압도적인 지지로 첫 주민직선 회장이 되었다. 직선 회장이라는 타이틀도 영예롭지만 "일 잘하는 사람"이라는 주민들의 평판이 나로서는 최고의 영예였다.

그런 덕분인지 우리 단지가 '2010년도 경기도 공동주택 우수관리 단지'로 선정되었다. 아파트 관리 비리 문제로 전국이 한창 시끄럽던 때라서 더욱 빛나는 영예였고, 다른 아파트 단지들의 벤치마킹 대상이 되었다. 보람 있었다.

"나는 이런 풀뿌리 민주주의 소중한 경험을 안고
마침내 나랏일을 보는 국회의원이 되었다.
나와 그 경험을 함께했던 바로 그 분당구민들이
더 큰 일을 하라며 나를 국회로 보낸 것이다."

지난 20대 총선에서 선출직 공직자 가운데 국회의원만이 누리고 있는 특권이자 특혜를 폐지하겠다는 공약을 내걸었다. 국회의원도 잘못하면 국민이 파면할 수 있는 국민소환제법 도입이다. 국회의원만 심판의 무풍지대에 있는 것은 옳지 않다고 여겼다.

"잘못된 정책과 부정 비리에 연루된 지방자치단체장과 지방의원들을 주민이 소환하는 주민소환제는 있는데, 국회의원은 예외입니다.
국회의원이 부정과 비리를 저질러도 국회가 감싸는 일도 일어납

정책으로 정치를 풀다

니다. 국회의원이 부정과 비리를 저지르면 유권자가 직접 소환할 수 있는 국회의원 국민소환제를 도입하겠습니다."

-4.11 총선 공약 연설 중에서

국회의원인 내가 스스로 내 목에 방울을 달겠다고 나선 것이다. 어떤 조직, 어떤 자리든 적절한 견제장치가 없으면 고여서 썩기 마련이다. 그것이 당장에는 특권이나 특혜로 여겨지겠지만 결국에는 당사자한테도 독이 되게 마련이다.

명분상으로는 국민을 위해 국회의원의 특권을 내려놓는 조치라고 했지만 실은 국회의원 자신을 위한 기본적인 조치다. 국회의원에게 주어진 권력이 작다고 할 수 없는데, 그 정도 기본적인 견제장치도 없다는 것은 민주주의 정신에도 부합하지 않는다.

나는 또 국회의원 봉급 50%를 기부하겠다는 약속도 했는데, 4년이 다 되어가는 지금껏 그 약속을 온전히 지켜오고 있다. 그러면서 국민이 기대하고 요구하는 수준의 의정 활동에 넘치지는 못할망정 적어도 못 미치지는 않고자 초지일관해왔다.

"선거만 끝나면 노예제가 시작됩니다.
뽑힌 자들은 민주를 잊고 언제나 국민 위에서 군림했습니다."

존 애덤스가 한 말이다. 표현은 몰라도 내용은 귀에 익은 말일 것이다. 선거 전후가 너무 다른 정치인의 행태는 200여 년 전이나 지금이나 같았던 모양이다. 애덤스는 제퍼슨의 미국 제헌 헌법 기초에 단초를 제공하고 미국의 독립에 크게 기여했으며, 초대 부통령과 2대 대통령을 지낸 인물이다.

애덤스가 한탄하는 정치인이 예외적일 만큼 드물었으면 좋을 텐데, 현실은 오히려 그 반대라는 것이 문제다. 그러므로 선거로 뽑힌 공직자라도 직무를 유기하거나 부정을 저지르면 파면되어야 할 필요가 있다. 그래서 대통령이든 지자체장이든 국회의원이든 공직자라면 국민 무서운 줄 알아야 한다.

아파트 대표회장을 할 때도 그랬고 지금 국회의원으로 정치를 하면서도 초지일관 내게 대표를 맡긴 사람들만 보고 일해왔다. 정치적 입지의 유·불리를 계산하지 않고 오로지 국민만 바라보았다. 국민이 나의 가장 든든한 배경이니까. 내가 다른 어떤 국회의원보다도 많은 일을 하게 된 힘도 바로 국민의 눈치를 보는 데서 나온 것이다.

정책으로 정치를 풀다

지역구 주민들이 본 김병욱

_ 조연화 외 14명

"그는 여느 '정치인'과는 달라"

 4년 전, 선거운동 기간이었어요. 이른 등교 시간부터 교문 앞에서 등교하는 아이들과 학부모에게 묵묵히 인사를 건네는 김병욱 후보의 모습을 기억합니다. 잠시 멈춰섰습니다. 아이들에게 관심을 두는 모습이 내심 반가웠던 모양입니다.

그가 당선된 이후, 학교에 근사한 체육관이 생겼습니다. 더 이상 미세먼지와 황사 걱정 없이 아이들이 운동을 즐길 수 있게 되었습니다. 국회를 견학할 수 있는 프로그램을 만들어서 매년 운영한 것도 기억에 남습니다. 이런 한결같음은 안심을 줍니다.

지난 4년, 매번 우리를 씁쓸하게 했던 정치인에 대한 시각이 조금 달라졌습니다. 버릇처럼 '국민'을 입에 달고 있는 여느 정치인과는 다른 모습을 보았기 때문입니다. 흔히 정치를 우리 삶을 더 나아지게 하는 일이라고 합니다. 앞으로도 우리 가까이에서, 우리가 원하는지조차 몰랐던 것들을 주는 정치를 기대합니다.

_ 조연화 (늘푸른고등학교 운영위원, 금곡동)

"진솔하고 언행이 일치하는 사람"

 30여 년의 공직 생활을 마치고 지난날의 인연을 뒤로한 채 인생 후반기를 보내고 있는 저는 사람들과의 만남도 극히 제한적입니다. 그러던 중에 우연히 김병욱 의원을 만났는데, 처음에는 정치인이라 무덤덤하게 대했지만 뜻밖에도 지금까지 좋은 인연으로 돈독하게 지내고 있습니다. 김 의원은 외모에서 풍기는 멋도 그리하거니와 관계가 지속될수록 진솔한 사람이라는 생각이 들었습니다. 그는 정치인이지만 결코 편 가르기를 하지 않고, 지역을 위한 일이라면 네 편 내 편 없이 발 벗고 나서고 누구든 만나 대화를 나누는 모습이 인상 깊었습니다.

또 그는 언행이 일치하는 사람입니다. 정치인은 대개 말만 번지르르하게 마련인데 김 의원은 자기 말에 꼭 책임을 지려고 노력하는 사람입니다. 끝으로 그는 중앙 무대에서 정책통으로 높이 인정받고 있는 것 같은데, 지역에서 정도를 걷는 정치인은 중앙에서도 정도를 걷게 되어 있는 것 같습니다.

_ **이건모** (파크뷰 입주자대표 회장, 정자동)

정책으로 정치를 풀다

"정쟁이 아닌 정책으로 울림을 준 금융 전문가"

 아이를 잘 가르치려면 무엇보다도 선생님의 교육에 대한 열정이 있어야겠지요. 그리고 아이에 대한 순수한 사랑과 전문적 지식과 다양한 경험이 있어야 하는 것은 당연합니다.

그래서 저는 아이를 가르치는 선생님의 눈으로 우리 동네 김병욱 국회의원을 보게 됩니다. 김 의원은 사람들을 만나 하는 악수 하나에도 사랑이 담겨 있습니다. 한번은 수줍어하는 한 아이와 인사하는 모습을 보게 되었는데, 아이와 눈높이를 맞추려고 쪼그려 앉은 채로 "아저씨는 축구 좋아하는데, 너도 손흥민 좋아하지?" 묻고는 손흥민의 골 세리모니 동작을 하면서 아이한테 접근하는 겁니다. 그러자 엄마 뒤에 숨어 있던 아이가 자연스럽게 앞으로 삐죽삐죽 나와 환하게 웃으면서 얘기를 건네더군요. 아직도 그 모습이 선합니다.

이런 순수한 모습 외에도 김 의원은 금융 전문가로서 우리 생활에 실질적으로 도움이 되는 다양한 정책을 개발하고 법안을 발의하는 한편, 토론회를 통해 우리 시민들이 눈을 뜨게 하는 전문성을 보여주고 있습니다. 식을 줄 모르는 열정에 찬사를 드립니다.

_ 오준영 (교육전문가, 정자동)

"누구의 말이든 경청하는 겸손한 정치인"

 오랫동안 가까이에서 김병욱 의원을 지켜보면서 느낀 점은, 그가 참으로 정직하고 성실하며 꾸준히 공부하고 모든 계층의 사람들로부터 사랑을 받는다는 것입니다.

국회 입성 후에도 초선답지 않게 교육, 문화, 체육, 경제 등 제 분야를 망라한 활약으로 지역구민은 물론이요, 동료 의원들로부터도 칭송받는 모습에 새삼 놀랐습니다.

특히 지역에서는 어린이공원이나 도서관, 실내체육관 등의 건립에 크게 힘쓰며 쾌적하고 품격 있는 분당 만들기에 팔을 걷어붙이고 앞장서고 있기에 큰 박수를 보내고 싶었습니다.

그는 누구의 말이든 경청하는 겸손한 정치인입니다.

_ **김종욱** (테니스동호회, 정자동)

정책으로 정치를 풀다

"봉급 절반 기부 공약을 지키는 사람"

2016년 4월 총선을 앞둔 3월은 제가 수내동으로 이사 온 지 한 달쯤 되었을 때인데, 김병욱 후보의 유세를 처음 들었습니다. 언제나처럼 시큰둥했지요. '입 아프게 떠들면 뭐해? 지키지도 않을 거면서…' 그런데 다른 후보들한테서는 듣지 못한 색다른 공약 하나가 귀에 들어왔습니다. "국회의원에 당선되면 월급의 절반을 기부하겠습니다!" 처음엔 신선하다 생각했지만 이내 헛웃음이 나왔어요. 설마 그러겠어?

하지만 나의 비웃음은 1년 뒤에 무색해지고 말았습니다. 그는 그 공약을 꼬박꼬박 실천해오고 있었으니까요. 아, 이 사람은 약속을 하면 꼭 지키는 사람이구나, 하는 믿음을 갖게 되었습니다. 게다가 소탈해서 동네 어디서든 스스럼없이 어울려 소주 한잔 기울일 수 있는 사람이더라고요. 특히 아이들을 위한 일이라면 발 벗고 나서는 모습이 좋았습니다. 저도 아이를 키우다보니 그 모습이 가식인지 진실인지 금세 알 수가 있는데, 그는 늘 한결같고 열심이었어요. 진심이 아니라면 그렇게까지 할 수 없습니다.

만날 뉴스에서 멱살잡이로 싸우는 모습만 보다가 그를 보면은 그가 우리 지역구 의원이라는 사실이 자랑스럽습니다.

_ 유성덕 (수내초 아버지회 회장)

"좋아할 수밖에 없는 사람"

 김병욱 의원과는 분당구탁구협회장직을 맡으면서 인연이 시작되었는데, 지금은 대한민국의 훌륭한 정치 일꾼이 되었습니다.

그 어렵다는 분당에서 국회의원이 된 이후에 당리당략이나 정치적 입지에 좌우되지 않고 소신 있는 정치를 한 덕분이겠지요. 국회의원은 누구보다 공사가 다망한 것으로 알고 있는데, 국회출석률 100퍼센트라는 건 정말이지 대단한 일입니다. 국민을 위한 정치를 한다는 사명감 없이는 그리하기 어렵겠지요.

더 대단한 것은, 당선 전에 했던 공약들을 거의 다 실천하고 있다는 사실입니다. 봉급 50퍼센트 기부 약속을 지키는 것은 물론이고 우리 분당 아이들을 위한 실내체육관 건립, 구민들을 위한 스포츠 시설 건립, 노후화된 분당 새롭게 변모시키기 등 많은 일을 했지요. 이렇게 진심으로 의정 활동을 하니 어찌 좋아하지 않을 수 있겠어요.

저는 비록 좋아하는 당은 없지만(아니, 다 싫어하지만) 국회의원 김병욱은 존경하고 사랑합니다.

_ 김기택 (전 탁구국가대표, 수내동)

정책으로 정치를 풀다

"참, 이런 정치인도 있구나!"

김병욱 의원과는 대학 선후배 사이지만, 정치하는 사람들에 대한 인상이 그다지 좋지 않아서 한동안 어느 정도 떨어져서 지켜보고만 있었습니다. 지난 총선에서 초선으로 당선되었을 때도 '순수하고 성실한 사람이' 권모술수가 난무하는 그 험한 세계에 나가 무슨 일을 할 수 있을까, 염려했습니다. 아니, 솔직히 말하면 초선인 데다 젊은 탓에 뒷전으로 밀려나 당의 뒤치다꺼리나 하며 보내지는 않을까 하는 노파심도 있었습니다.

하지만 지난 4년을 지켜보니 기우였습니다. 초선인데도 불구하고 의정을 주도하는 뛰어난 국회의원으로 부각되는 모습을 보고, 아울러 바쁜 시간을 쪼개 지역사회 활동에 어느 지역 의원보다도 열심인 모습을 보면서 '참, 이런 정치인도 있구나', 하고 감탄했습니다.

_ **송영천** (구미동 체육진흥회 회장)

지역구 주민들이 본 김병욱_ 조연화 외 14명

"매사에 열정적이고 진심을 다하는 사람"

 저는 수내초등학교 학부모 회장일 때부터 김병욱 의원과 알고 지냈습니다. 다른 의원들과는 다르게 친숙하게 다가오는 모습이 낯설었지만 그 다른 모습에 많은 기대를 했고, 지금까지 그 모습 그대로인 점이 '이분은 진심이구나' 하는 생각이 들었습니다.

동에 번쩍 서에 번쩍, 지역 일에 발 빠르게 대처해주어서 많은 주민이 그를 무척 좋아합니다. 한번은 수내중학교에 잠시 들러주십사 했는데 도저히 짬을 내기 어려운 상황에서도 달려와 주셔서 정말 감동했습니다. 무엇보다 수내도서관 건립 추진은 참 어려운 일이었는데도 끝까지 포기하지 않고 성사시켜주어서 지역 학부모 학생은 물론 온 주민이 고맙게 생각하고 있습니다.

매사에 열정적이고 진심을 다하는 데다가 항상 웃으며 일하는 그가 우리 지역 국회의원인 것이 자랑스러워요.

— **윤현숙** (수내중학교 학부모 회장)

"앞으로가 더 기대되는 정치인"

 9년 전 겨울, 국회의원 보궐선거 예비후보자로 인사를 나누었습니다. 증권맨 출신이라고 해서 '차도남'인 줄 알았더니 우직한 인상에 다정다감했습니다. 당시 지역위원장으로서 당연직 본선 후보였으면서도 당을 위해 손학규 당 대표에게 후보를 양보했을뿐더러 선대본부장을 맡아 본인이 출마한 것 이상으로 열정적으로 선거운동에 임하는 모습을 보고는 '역시 인상대로 듬직하고도 순수한 사람이구나', 하는 생각이 들었습니다.

요즘 기득권 세력이 되어버린 일부 86세대와는 달리 정치 신인의 초심을 잃지 않고 의정 활동에 열심인 중에도 서울대학교 경영대학 최고경영자 과정에서 학구열을 불태우는 모습을 보면서 어디까지 발전할지 궁금해지더군요. 앞으로가 더 기대됩니다.

_ **박영수** (전 분당동 통장협의회 회장)

"그렇게 열심인 국회의원은 처음 봐"

 첫 느낌 그대로 변함없이 활기차고 진취적인 그는 뚝심 있게 실행하는 정치인입니다. 무지개마을 지킴이로 25년째 살면서 숱한 의원들을 봐왔지만 지금의 김병욱 의원처럼 열심히 일하는 국회의원은 처음 봅니다. 남편도 동네일 하는 것을 워낙 좋아하는지라 김 의원과 죽이 맞아 친구로 지냅니다.

그는 우리 마을 어디고 도움이 필요한 곳이면 달려가 살피고(부득이 본인이 직접 못 오면 꼭 보좌진이라도 보내서 사정을 듣고), 우리가 궁금해 하는 것을 시원하게 풀어주려고 최선을 다합니다.

깨끗하고 편리한 분당을 만들기 위해 구석구석 살펴서 필요한 것들을 하고야 마는 그의 분당 사랑은 이제 구민이라면 다 알게 되었습니다. 지금 준비 중이라는 SRT 정차역 유치 추진 또한 기대가 큽니다.

_ **고현아** (아구대감 대표, 구미동)

정책으로 정치를 풀다

"참 매력이 넘치는 사람"

 한동안 멀리서만 지켜보다가 대화를 해보니까 인품이 요즘 젊은 사람 같지 않은 거예요. 결단력도 빠르고. 첫인상에 끌렸다고 할까요. 그런데 그 첫인상이 시종 변함이 없었어요. 국회의원 김병욱은 처음이나 지금이나 정열적이고 저돌적입니다.

가만 보니 그는 뭐든 적당히 넘어가는 법이 없어요. 정치하는 사람의 미덕을 가진 거예요. 그는 무슨 일이든 많이 듣고 심사숙고하되 일단 결론이 나면 곧바로 실행하는 돌파력이 남다르더군요. 인간적으로도 그렇지만 정치인으로서도 참 매력이 넘치는 사람이에요.

_ **이창호** (전 배구감독, 정자동)

"선당후사의 용기 있는 정치인"

 2011년 4월 보궐선거에 김병욱 위원장이 예비후보로 등록해서 선거운동을 할 때, 처음 그를 만났습니다. 한겨울 추위에도 열정적으로 선거운동을 하던 모습이 지금도 눈에 선합니다. 그러는 중에 당 대표에게 흔쾌히 후보를 양보하는 선당후사의 정신을 몸소 실천하는 것을 보고 감동을 받았습니다. 그런 남다른 희생정신이 있었기에 민주당 후보에게는 험지라는 분당에서 20대 국회의원에 당선되지 않았나 하는 생각입니다. 그는 시종일관 겸손한 태도로 누구하고든 소통하고 배려합니다. 또 내가 본 정치인 중에 가장 진실하고 용기 있는 사람입니다.

_ **여정호** (축구동호회, 구미동)

정책으로 정치를 풀다

"남다른 실력과 성품을 갖춘 따뜻한 정치인"

 김병욱 의원은 우선 저와 고향이 같아 무척 반가웠습니다. 처음 만난 날, 지리산자락 산청 궁핍한 산촌에서 태어났다는 얘기를 들으며 향수에 잠겼습니다.

그는 '보수의 텃밭'이라는 분당에서 정말이지 고군분투하여 당선된 것인데, 그때를 생각하면 아직도 마음 한구석이 아려옵니다. 그 절박하던 모습이 짠해서요.

지금은 항상 밝은 모습이고, 분당을 넘어 전국적으로 인정받는 국회의원으로 고향 산청의 자랑이 된 터라 편한 마음으로 응원하고 있지만, 어려웠던 시절이 지금 최고의 실력과 성품을 갖춘 따뜻한 정치인이 된 밑거름이었다고 생각합니다.

귀찮을 법도 한데 어르신들 행사에는 빠짐없이 참석하고, 그 민원을 우선으로 챙겨 끝까지 해결해주려는 진정성 있는 모습에 어르신들이 침이 마르도록 칭찬하는 것을 들으면 내가 다 우쭐해지곤 합니다.

_ **김용명** (대한노인회 분당구지회 회장)

"지역사회와 국가를 위한 헌신의 열정이 느껴지는 사람"

 김병욱 의원을 10여 년 전 처음 보았는데, 준수한 외모, 자신감 넘치는 목소리, 호탕한 웃음이 인상적이었습니다. 또 소탈해서 만날 때마다 반갑고 친근하게 대해줍니다. 무엇보다 지역사회와 국가를 위해 헌신하고자 하는 열정이 좋았습니다.

이런 사람이 우리 지역 국회의원이 되어 지역뿐만 아니라 나라를 위해서도 많은 일을 해내는 것을 보고 뿌듯했습니다. 국회의원에게 주는 상을 27개나 받았다니, 얼마나 많은 일을 했는지 알 만합니다.

저로서는, 분당노인종합복지관 행사에 늘 참석해서 어르신, 봉사자, 직원들을 격려해준 것이 정말 고맙습니다. 지역 주민에게, 아니 온 국민에게 사랑받는 정치인이 되리라 믿습니다.

_ **이정우** (분당노인종합복지관장)

정책으로 정치를 풀다

"국회 출석률 100%, 밥값 제대로 하는 국회의원"

 청솔에서 장애인들이 재생비누 만드는 현장에서 분당을 지역위원장이던 그를 처음 만났습니다. 전동차에 앉아 있는 제 손을 꼭 잡고 인사를 하기에, 이번이 세 번째니 꼭 당선되어야 한다며 그의 눈을 보았는데, 눈동자에 사랑이 가득 차 있었습니다.

처음에는 '야당 초선 의원'이 잘할 수 있을까, 염려도 했지만 지금은 그를 선택한 것이 내 인생에서 가장 잘 한 일 중 하나였다고 자부합니다.

초선인데도 중앙당에서 중요한 역할을 수행하고, 의정 활동을 최고로 잘하는 모습을 보니 자랑스러워요. 본회의 출석률 100%, 상임위 출석률 100%, 지역 행사 출석률도 최고입니다.

지역구 구석구석 누비며 누구든 가리지 않고 만나는 열정은 좋은데, 건강도 좀 챙겨가며, 쉬어도 가며 했으면 좋겠습니다.

_ **김철훈** (성남시신체장애인연합회 수석부회장, 금곡동)

1

特권을 내려놓고
일하는 국회 만들기에 나서다

01

국회의원 국민소환제법,
20대 국회 최초로 발의하다

20대 국회의원에 당선되고 난 뒤 나의 첫 정치 화두는 '국회의원 특권 내려놓기'였다.

국회의원 선거를 치르면서 국회의원에 대한 신뢰가 생각보다 낮고 심각한 수준임을 알게 되었다. 주민들을 만나면 만날수록 정치에 대한 신뢰와 기대가 바닥인 것을 체감할 수 있었고 이래서는 안 된다는 생각이 절실했다.

국회에 대한 국민의 불신이 극에 달한 상황에서, 국회에 대한 신뢰를 회복하기 위해서는 적극적으로 국회의원 스스로 '특권 내려놓기'에 나서야 한다고 생각했다.

현재 대의제 민주주의에서는 국민이 자신의 대리자를 선출할 수는 있지만 통제할 수단이 마땅치 않다. 이러한 문제의식에서 출발

정책으로 정치를 풀다

해 대통령도 탄핵소추 절차가 있고 지방자치단체장과 지방의회 의원에게는 주민소환제가 있는데, 유독 국회의원만 소환제가 적용되지 않는다.

국회의원도 범죄나 비리에 연루된 것이 밝혀질 경우, 일정 요건을 갖추면 국민이 소환하는 제도가 필요하다는 것이 2016년 20대 총선에서 국회의원 국민소환제법 도입을 첫 번째 공약으로 내건 가장 큰 이유다.

20대 국회의원 임기를 시작하고 '박근혜 대통령 탄핵' 직후인 2016년 12월, 20대 국회에서 가장 먼저 '국회의원의 국민소환에 관한 법률'을 대표발의했다.

국회의원이 법안을 발의하려면 최소한 국회의원 10명의 동의가 필요한데, 동료 의원들을 설득해 법안을 발의하는 과정부터가 쉽지 않았다. 동료 의원들의 반응이 대체로 호의적이지 않은 가운데 어떤 의원은 공개적으로 반대 의사를 표하기도 했다.

이 자리를 빌려 쉽지 않은 결단을 내려준 강훈식, 김경협, 박경미, 박정, 박찬대, 어기구, 윤후덕, 이찬열, 전재수, 정춘숙 이상 10명의 공동 발의 의원들께 고마운 마음을 전한다.

국민소환제는 국회의원이 대한민국 헌법 제46조에 규정된 국회의원의 의무를 위반하거나 직권남용, 직무유기 등 위법·부당한 행위를 했을 때 임기 중에 소환할 수 있도록 하는 내용이다.

선배·동료 의원들로부터 욕먹을 각오를 하고 스스로 목에 방울을 다는 일에 나선 이유는 정치 불신을 넘어서려면 국회의원이 직접

법률안을 발의하고 통과시켜 국민에게 신뢰를 주는 것이 필요하다
고 생각했기 때문이다.

또 "국회가 정치인에 대한 불신을 해소해야만, 비로소 책임정치
가 가능하다"는 평소의 소신에 따라 좋은 정치를 하고 싶었기 때문
이기도 했다.

그러나 이 법안은 2016년 12월 발의한 이후 2017년 7월 소관 상
임위인 행정안전위원회에 상정되고, 법안소위에 회부되었지만 이
후 제대로 된 논의가 진행되지 못하고 계류 중이었다.

사실 국회가 신뢰를 받고 국회의원이 제 할 일을 제대로 하고 있다
면, 굳이 국민소환제가 필요 없을 수도 있다. 그래서 이 법안이 통과

되는 것보다, 국회가 자정 노력을 통해 국민소환제가 필요 없는 상황이 되고, 20대 국회 임기 종료와 함께 폐기되기를 내심 기대했다.

자칫 묻혀버릴 것 같았던 국민소환제에 대한 논의가 다시 수면 위로 떠오른 것은 선거제·개혁법안 패스트트랙(신속처리안건)을 둘러싼 여야 대립으로 국회 파행이 장기화되면서 부터였다.

청와대 국민청원 게시판에 올라온 '국회의원 국민소환제'를 요구하는 글이 한 달 동안 21만 명의 동의를 받았고, 2019년 6월 12일 청와대는 국민청원에 대한 답변에서 "국회가 일을 하지 않아도, 어떤 중대한 상황이 벌어져도 주권자인 국민은 국회의원을 견제할 방법이 없다"며 국민소환제의 필요성을 강조했다.

더불어민주당에서도 국민소환제 도입이 필요하다는 목소리가 나오기 시작했다. 이해찬 당대표는 6월 26일 열린 의원총회에서 부적격한 국회의원을 국민이 투표로 파면할 수 있는 '국회의원 국민소환제'의 도입이 필요하다고 공식석상에서 처음 언급했다.

이인영 원내대표는 7월 3일 교섭단체 대표 연설에서 '일하는 국회'를 강조하며 '국회의원 국민소환제 도입'을 제안했고, 같은 날 출범한 당 국회혁신특별위원회의 '일하는 국회'를 만드는 국회 혁신 방안 논의 안건 중 하나로 국민소환제가 포함되었다.

2019년 8월 28일, 국회혁신특위 주최로 〈국민소환제 20대 국회

통과 위한 입법 토론회〉를 개최했고, 이 자리에서 국회혁신특위 위원의 한 사람으로서 20대 국회에서 반드시 국민소환제에 대한 구체적인 논의 진전이 필요하다는 점을 강조했다.

그러나 현재 '국회의원 국민소환제'는 여전히 논의가 진행되지 않고 있고, 지금과 같은 여야 대치 상황이 계속된다면 20대 국회 임기가 종료되는 2020년 5월 29일 임기 만료로 폐기될 운명에 놓여 있다.

현행 헌법과 법률에서는 유권자가 국회의원을 심판하는 기회는 4년마다 한 번씩 오는 선거뿐이다. 그러나 선거 때 말고도 주권은 언제나 국민에게 있고, 주권자인 국민은 언제나 주권을 행사할 수 있어야 한다.

우리 헌법 제1조는 "대한민국의 주권은 국민에게 있고, 모든 권력은 국민으로부터 나온다"고 명시하고 있다. 헌법 정신을 따른다면 주권자인 국민이 국회의원을 뽑을 권리도, 국회의원을 소환할 권리도 당연히 있는 것이다.

국민의 정치 불신을 해소하고 국회의원 스스로 '책임정치'를 실현하기 위해서, 대의제 민주주의의 보완 장치로 국회의원 국민소환제는 반드시 도입되어야 한다.

02

봉급 절반 기부와 아울러
기부문화 확산에 불을 지피다

약속을 지키는 정치야말로 국민과의 신뢰를 회복하는 가장 기본적인 태도다.

'국회의원 국민소환제'와 '봉급 50% 기부' 공약은 정치권에 대한 국민의 불신이 극에 달했는데도 일말의 반성조차 없는 상황을 보면서, 먼저 특권을 내려놓고 반성하기 위해 세상에 내놓은 약속이다.

신뢰 회복을 위한 밑돌을 놓겠다는 차원에서 내건 공약이었고, 좀처럼 바뀌지 않는 기성 정치 문화를 혁신하기 위해 나 자신이 변화의 아이콘이 되겠다는 뜻에서였다.

'봉급 50% 기부' 공약은 많은 화제가 되기도 했다.

선거를 치르면서 상대 후보들이 그동안 지역 주민들과 함께 고민해서 만든 공약들을 적극적으로 채택해 공론화되었지만, 유독 '봉

정책으로 정치를 풀다

사랑의 열매 아너 소사이어티 가입식

급 50% 기부' 공약은 채택하지 않았다. 그래서 상대 후보들에게 유권자들에게 가장 인기 있는 '봉급 50% 기부' 공약도 채택해달라고 전격적으로 제안한 것도 많은 국회의원이 동참하기를 바라는 마음에서였다.

당선인 신분으로 20대 국회에서 함께 일할 보좌진과 함께 논의한 끝에, 사회복지공동모금회 '사랑의열매'와 1억 원 기부를 약정하고 현재까지 성실히 기부하고 있다.

2019년 9월 10일, 존경하는 원혜영 의원이 공동대표로 있는 국회기부문화선진화포럼과 웰다잉문화조성을위한국회의원모임 주최

2019 대한민국 유산기부의 날 선포식

로 '세계 유산기부의 날'인 9월 13일을 대한민국 유산기부의 날로 선포하기 위한 '2019 대한민국 유산기부의 날 선포식'이 열렸다.

'유산기부의 날 선포식'을 계기로 유산기부를 장려하고 기부문화 활성화 취지에서 '상속세 및 증여세법'을 개정해 상속재산의 10%를 초과 기부하면 상속세 10%를 감면하는 일명 '유산기부 활성화법'을 여·야 의원 17명과 함께 발의했다.

국제자선단체인 영국자선지원재단(CAF)이 발표한 '2018년 세계기부지수'에 따르면 우리나라의 기부참여지수는 34%로 146개 조사 대상국 중 60위에 그치고 있다.

영국은 전체 기부액 중 유산기부가 차지하는 비중이 33%로 유산

정책으로 정치를 풀다

기부 선진국이라고 할 수 있다. 미국은 이 비율이 7%인데, 한국은 전체 기부 중 유산기부가 차지하는 비중이 0.46%로 이에 비해 매우 저조한 수준이다.

유산기부를 활성화하기 위해서는 정부의 적극적인 정책적 지원도 필요하다. 영국은 유산의 10%를 자선단체에 기부할 것을 서약하는 '레거시10(Legacy 10)' 캠페인이 활성화돼 있으며, 영국 정부 역시 이를 지원하기 위하여 유산의 10%를 자선단체에 기부하는 경우 상속세 세율을 경감해주는 특례제도를 두고 있다.

우리 사회가 당면한 사회문제들은 정부의 힘만으로는 해결할 수 없기 때문에, 민간의 자발적 나눔으로 문제해결을 시도하는 기부문화 확산에 대한 관심이 높아지고 있다.

조세부담률과 사회복지 지출이 OECD 최하위 수준인 우리나라에서는 자선과 기부를 통한 사회복지의 실현이 중요하다. 건전한 기부문화 확산과 정착을 위해서 기부자에 대한 세제지원 등 정책적 지원을 확대할 필요가 있다는 생각에서 이 법안을 발의하게 되었다.

봉급의 50%를 기부하고 나눔을 실천하는 것을 모든 정치인에게 강요할 수는 없지만, 진정성을 가지고 국회의원 스스로 특권을 내려놓고 신뢰회복을 위한 노력을 지속한다면 국민의 정치 불신도 언젠가는 해소될 수 있지 않을까 기대한다.

03

일하는 의원의 본보기로서, 일하는 국회 만들기에 나서다

20대 국회 의정 활동을 하면서 스스로 내세울 수 있는 자랑거리 중 하나는 국회의원이 된 후 지금까지 열린 142번의 본회의와 110번의 상임위원회에 모두 출석했다는 것이다.

《시사위크》에서 '참여연대 열려라 국회' 웹사이트에 공개한 출석률을 바탕으로 상임위원회와 본회의로 각각 나눠 전수 조사를 한 자료에 따르면, 20대 국회의원 중 상임위·본회의에 모두 개근한 국회의원은 나를 포함해 모두 4명에 불과하다.

한 가지 특이한 점을 꼽자면 나를 포함해 상임위·본회의에 100% 출석한 김영진 의원(수원병), 박찬대 의원(인천 연수갑), 박홍근 의원(서울 중랑을)은 모두 더불어민주당 소속이다.

이런 성실성을 바탕으로 국민과의 약속을 지키고 국회의원의 본분을 다하고자 노력했던 것이 의정 활동에서도 좋은 평가를 받았다.

더불어민주당 원내대표가 선정한 '국정감사 우수의원상' 4년 연속 수상, 국회의장이 선정한 '입법 및 정책개발 우수 국회의원' 2년 연속 선정, 국정감사 NGO 모니터단이 선정하는 '국정감사 국리민복상' 2년 연속 수상, 법률소비자연맹 선정 헌정대상 3년 연속 수상 등 과분한 상을 받게 된 것도 모두 일하는 국회의원으로서 본분을 다하고자 한 의정 활동을 높이 평가해준 결과라고 생각한다.

물론 그동안 함께 고생하면서 의정 활동을 보좌해 준 보좌진의 노고가 없었다면 불가능했을 것이다.

국회의원이라면 국회에 출석해 회의에 참석하는 것이 가장 기본적인 책무이고, 국회는 회의를 열어 국정 현안을 논의하고, 예산을 심사하고, 민생법안을 처리하는 것이 본분이다.

국회가 국민의 신뢰를 회복하려면 '일하는 국회, 갈등 없는 국회'로 거듭나야 한다. 사상 최악의 '식물국회'라는 오명을 듣고 있는 20대 국회를 개혁하고, 적어도 21대 국회는 일하기 위한 시스템을 만들어야 한다.

더불어민주당은 국회 혁신 방안 추진을 위해 박주민 최고위원을 위원장으로 하는 국회혁신특별위원회를 설치하고, 당내 혁신특위 위원으로 나를 포함해 최재성·김경협·이원욱·김종민·표창원·이재정 의원과 이근형 전략기획위원장을 임명했다.

2019년 7월 만들어진 혁신특위는 일하는 국회를 만들어 신뢰도를 높인다는 목표를 세우고 11월까지 5개월간 10여 차례의 회의와 〈국민소환제 20대 국회 통과를 위한 입법 토론회〉를 열면서 국회 혁신 방안을 마련했다.

이렇게 마련된 국회 혁신 방안은 다음과 같이 요약된다.

첫째, 의사일정과 안건 결정을 시스템화한다.

▶ 여야간 합의가 되지 않으면 국회를 여는 것도 어려운 상황을 극복하기 위해, 국회의장이 각 교섭단체 대표위원과 협의하는 대신 국회운영위원회의 표결을 거쳐 연간 국회 운영 기본 일정을 정하고, 임시회도 의무화해 상시국회 운영체제를 만든다. 대정부 질문은 1, 3, 5월 임시회에서 진행한다.

▶ 국회 상임위원회와 소위원회의 운영도 의무화한다. 매월 임시회 개회 당일 임시회 직후 상임위 정례회의를 개회하고, 일정 협의가 되지 않으면 정례회의에서 표결로 정한다. 법안 심사를 위해 상임위원회 소위원회는 매월 4회 개회를 의무화한다.

▶ 여야 간사 간 합의가 이뤄지지 않으면 안건 자체를 심의조차 할 수 없는 상황을 막기 위해 위원회에 회부된 의안을 자동으로 상정하고, 상정 후 30일이 지나면 소위에 회부되도록 한다.

▶ 신속처리안건 처리 기간에 대한 위원회 심사·체계자구 심사 및 상정 기간을 소관위 45일로 단축한다.

▶ 법률안 통과를 막는 법사위 체계자구 심사권은 폐지하고 해당 상임위에서 의결하기 전에 국회사무처에서 체계자구 심사 결과를 보고받도록 해서 체계자구 심사 제도를 개선한다.

둘째, 국회의원 불출석에 대한 페널티를 도입한다.

▶ 국회의원의 불출석에 대해서는 전체 출석일수의 10% 이상 불출석할 경우 세비를 단계적으로 삭감한다. 국회의원 불출석에 대한 징계 규정을 신설해 10% 이상 불출석한 경우 30일 이상의 출석정지, 20% 이상 시 60일 이상의 출석정지, 30% 이상시 90일 이상의 출석정지에서 제명까지 가능하도록 한다.

▶ 본회의에 소속 의원수의 5분의 1이 참석하지 아니한 정당에는 불출석한 회의일수당 다음 분기에 지급하는 경상보조금의 100분의 5를 감액하고, 상임위의 경우 불출석한 회의일수 당 다음 분기에 지급하는 경상보조금액의 100분의 0.5를 감액한다. 다만, 정당의 기능 보장을 위해 감액되는 경상보조금은 100분의 30을 최대로 한다.

셋째, 국민소환제법을 도입하고 국회의원의 윤리의무를 강화한다.

▶ 국회의원이 헌법 46조에 규정된 국회의원의 의무를 위반한 경우, 직권을 남용하거나 직무를 유기하는 등 위법·부당한 행위를 한 경우 소환할 수 있도록 한다.

▶ 윤리특별위원회를 상설특별위원회로 상설화하고 국회의원 자격심사 또는 징계에 관한 안건은 안건 회부 날부터 60일 이내에 심사를 마치도록 규정을 신설한다.

기타 사항

▶ 안건조정위원회 활동기간에 대해 합의가 되지 않을 경우 위원회에서 표결로 결정한다. 안건조정위원회가 활동하기 어려울 때에는 위원회의 재적위원 과반수의 출석과 출석위원 과반수의 찬성으로 안건을 표결한다.

▶ 결산심의를 45일 이내 심의 완료하고 추가경정예산안의 경우

심사기한을 두어서 신속히 처리한다.

▶ 18세 이상 국민이 국회 정보 시스템을 통해서 국회에 청구한 '국민입법청구법률안'에 대해 6개월 이내 30만 명 이상 국민의 온라인 지지 서명을 받은 경우, 상임위에서 발의 여부 및 내용을 심의한다. 18세 이상의 30만 명 이상 국민에 신속처리 대상 안건(패스트트랙) 지정 청구권을 부여한다.

▶ 국회의원 체포 동의를 요청받으면 본회의가 열리는 중일 경우 당회 본회의에서, 또는 요청을 받은 직후 본회의에서 신속히 처리한다.

20대 마지막 정기국회가 끝난 지금에도 국회는 여전히 꽉 막혀 있고, 민생법안 처리를 위한 본회의는 열리지 못하고 있다. 이제는 바꿔야 한다. 20대 국회에서 시작한 국회혁신안이 적어도 21대 국회에서는 시스템으로 정착하여 '일하는 국회'로 거듭나야 한다.

정치는 갈등을 조정하는 역할을 하는 것이지 갈등 그 자체가 되어서는 안 된다. 정쟁을 위한 보이콧에서 벗어나, 국민이 보기에 부끄럽지 않은 정치를 '함께' 만드는 것이 정치 본연의 의미일 것이다.

정책으로 정치를 풀다

곧 있을 21대 총선에서 많은 정당들이 '일하는 국회'를 공약을 내걸 것을 제안한다. 그리고 많은 국민이 '일하는 국회'를 위한 국회혁신안을 지지해 준다면, 식물국회, 동물국회, 무생물국회를 벗고 국민을 위해 일하고 신뢰받는 국회와 국회의원으로 거듭날 수 있다고 확신한다.

2

백 번의 토론회, 정책으로 정치를 풀다

국회의원 **김병욱** 정책토론회

깨끗한 학교 실내 공기 마련을 위한 정책토론회

● **일시** : '18. 2. 20(화) 13:30~16:00
● **장소** : 국회도서관 소회의실

1부 발제 및 주제발표

초등학교 공기정화설비 등 효율성 평가결과 발표
(경희대 **조영민** 교수)

학교 교실 내 미세먼지 유지관리기준 제고
(연세대 **임영욱** 교수)

학교 실내공기질 관리 해외 사례 및 관련법 개선방안
(한국건설기술연구원 **이윤규** 박사)

2부 패널토의 및 질의응답

주최 : 국회의원 김병욱 | **주관** : 🏛 교육부 | **후원** : 한국실내환경학회
문의 : 김병욱 의원실 (02-784-3670)

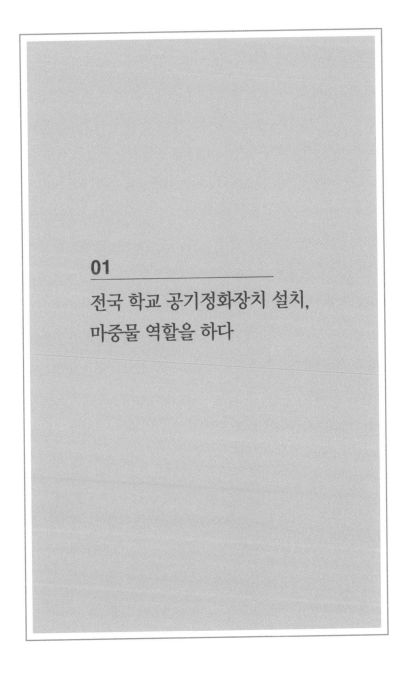

01

전국 학교 공기정화장치 설치, 마중물 역할을 하다

20대 국회의원에 당선되고 난 뒤, SNS를 통해 처음 들어보는 '미세먼지 대책을 촉구합니다(분당 지역)'라는 단체에서 연락이 왔다. 사실 그 당시는 생소했지만 연락을 해온 주민들과는 무조건 만나야겠다는 생각으로 당선 이후 처음으로 지역 사무실에서 간담회를 열었다. 미세먼지로 인한 아이들의 피해가 큰데 이에 대한 뾰족한 대책이 없어서 어머니들이 간절한 마음으로 찾아왔다. "애들 얼굴만 봐도 미세먼지 수치를 알 수 있어요. 민감한 아이들에게 미세먼지는 생존의 문제예요", "제 돈으로 교실에 공기청정기를 놓으려고 해도 김영란법 위반으로 안 된다는 거예요.", "공기정화장치도 없는 학교에 도저히 애를 보낼 수가 없는데 질병결석으로 인정이 안 되고 무단결석으로 처리되니 걱정입니다." 아이들을 걱정하는 어머니들 절박한 마음이 고스란히 느껴졌다. 미세먼지 대책을 국회에서 반드시 마련해야겠다는 생각의 시작은 지역 사무실에서 진행된 간담회였다.

사실 그 전까지만 해도 미세먼지 문제를 크게 체감하지 못했는데 사무실로 찾아오신 어머니들의 이야기를 들어보니 그냥 가만히 있어서는 안 되겠다는 생각이 들었다. 다행히 20대 국회 전반기 교육문화체육관광위원회로 배정받아 학교 미세먼지 대책을 자세히 들여다볼수 있었다.

아이들은 체육 시간을 제외하고 대부분의 시간을 교실에서 보낸다. 미세먼지 수치가 높은데 아이들이 주로 생활하는 교실 공기질은 어떤지 확인해 보아야 겠다는 생각으로 전국 초·중·고 실내 공기질 측정 자료를 모두 분석했다.

깜작 놀랄 만한 결과였다. 실외 활동을 자제하는 미세먼지 나쁨 기준은 80㎍(마이크로그램)인데 학교 교실 내의 미세먼지 나쁨 기준은

JTBC 뉴스룸 바깥보다 나쁜 '학교 실내 공기'

100㎍로 관리되고 있었다. 미세먼지 농도가 80㎍로 실외 활동을 중지하고 교실로 들어갔더니 이보다 높은 99㎍인 상황이 생길 수 있다는 거다. 실외 활동이 불가한 수치인 80㎍ 이상의 미세먼지 농도가 측정된 교실이 1,300여 개가 넘었다. 이마저도 미세먼지 수치가 높지 않은 여름에 측정되거나 제대로 비용을 들이지 않고 대충 측정한 곳이 많아 현실은 더 심각할 것으로 짐작할 수 있었다.

자료를 보고 나니 어느 학부모의 "학교에 제 돈으로 공기청정기를 설치하고 싶지만 그것도 절대 안 된다고 하니 아이를 학교에 보내지 않는 거 말고는 방법이 없어요." 라는 말이 계속 맴돌았다.

이러한 현실을 알고 그냥 지나칠 수가 없어 2017년 추경 예산 심의 당시 미세먼지 측정기로 반영된 예산을 공기정화장치 예산으로 바꾸자고 제안했다. 이미 미세먼지 측정은 환경부에서 하고 있으니 추가로 미세먼지 수치를 확인하는 데 예산을 쓰느니 고농도 미세먼지 발생 시 이를 정화할 수 있는 공기정화장치를 학교에 확보하는 것이 우선이라고 생각했다. 그리고 논의 당시 고농도 미세먼지로 인한 피해가 심각했던 때라 다른 건 몰라도 아이들 건강을 위한 공기정화장치 예산은 쉽게 확보될 줄 알았다.

하지만 그건 착각이었다. 야당 의원들의 반대로 학교 공기정화장치 설치가 당시 추경의 최대 쟁점 사업이 되었다. 반대하는 의원들에게 해당 지역구 학교 실내 미세먼지 자료를 보여주며 설득하기도 하고 동원할 수 있는 방법을 최대한 동원해서 우여곡절 끝에 국비 90억 원, 특별교부금 90억 원, 총 180억 원을 확보해 350개 초등학교에 공기정화장치 시범 사업과 연구 용역을 실시하고 이 결과를

정책으로 정치를 풀다

제352회국회   **예산결산특별위원회회의록**   제 6 호
(임시회)   (추가경정예산안및기금운용계획변경안조정소위원회)

국 회 사 무 처

일 시   2017년 7월 22일(토)
장 소   예산결산특별위원회소회의실

(01시 42분 개의)

〈생략〉

- 김병욱 위원 ⋯ 우리가 지금 민생 문제 중에서 가장 시급한 것이 일자리와 학생들의 미세먼지 문제인데 이 미세먼지 건에 대해서 11조 2,000억의 추경안을 검토하면서, 겨우 90억인데 이 건에 대해서 간사 간의 합의로 증액된 부분에 대해서 다시 여기에서 감액을 논의한다는 것은 전체 규모로 보거나 그다음에 추경의 목적으로 보거나 미세먼지가 우리 학생들의 인체에 미치는 영향으로 보거나 저는 이 정도의 예산도 너무 적지 않느냐 하는 게 솔직한 개인적인 생각인데 이것을 여기서 다시, 간사 간에 합의된 금액의 감액을 거론하는 것 자체는 맞지 않다 저는 그런 생각입니다.

- ○○○ 위원   겨우 90억이라고 하셨는데요, 90억이 아니라 360억입니다. 우리 예산에는 90억이고 그다음에 특교 90억에 교육재정교부금 180억 해 가지고 총 360억 원의 예산을 우리가 낭비하면 안 되기 때문에 저는 이 부분은 반드시 삭감⋯⋯

- 김병욱 위원   이게 왜 낭비예요? 이게 왜 낭비야?

바탕으로 전국 학교에 공기정화장치를 설치하기로 어느 정도 합의를 보았다.

하지만 토요일 새벽 1시가 넘어 시작된 회의에서 다시 야당 의원에게서 '예산 낭비' 라는 말이 나왔고 그 순간 나도 모르게 소리를 질렀다. "이게 왜 낭비예요? 이게 왜 낭비야?" 선배 의원들도 있었는데 화를 참지 못하고 소리를 지른 거다. 우리 의원실 보좌진들은 나를 평화주의자라고 부른다. 타협해서 좋은 결과를 내는 게 최고라 생각하기에 갈등을 만들기보다는 웃으면서 타협점을 찾아가는 편인데 그날은 너무도 흥분해서 나도 모르게 반말로 화를 냈다. 국가재정법을 근거로 한 야당 의원들의 반대는 반대를 위한 명분에 불과하다고 판단했고 끝까지 포기하지 않고 설득한 결과 초등학교 공기정화장치 시범 사업 예산 180억 원을 확보할 수 있었다.

어렵게 확보한 추경 예산을 바탕으로 350개 초등학교에 시범 사업으로 여러 종류의 공기정화장치가 설치되고 관련 연구를 통해 어떤 형태의 공기정화장치가 효율적인지에 대해 교육부와 함께 〈깨끗한 학교 실내 공기 마련을 위한 정책토론회〉를 개최했다.

정책으로 정치를 풀다

유모차에 아이를 데리고 온 어머니부터 토론회장은 북새통을 이루었고 언론의 관심도 집중되었다. 미세먼지 대책에 관한 국민의 구체적인 요구가 어떤 것인지 토론회를 통해 접할 수 있었고 전문가들의 조언으로 정책을 조금씩 다듬어갈 수 있었다.

"민감한 몇 명 아이들의 문제인 줄 알았던 미세먼지가 어느새 내 아이의 문제가 되었다"며 눈물을 흘리던 어느 학부모님 모습에 모두의 눈시울이 붉어지기도 했다.

결국 2017년 하반기 추경에서 확보한 180억 원의 초등학교 공기정화장치 시범 사업과 내가 주최한 토론회에서 발표된 연구 용역을 근거로 정부는 2,200억 원의 예산을 확보하여 전국 초·중·고 학교 모두 공기정화장치를 설치하기로 발표했다. 올해(2020년)까지 유치원, 초등학교 특수학교는 설치가 완료되고 중·고등학교와 학교 강당이나 체육시설도 설치될 예정이다. 분당 주민들과의 간담회를 통해 미세먼지 대책의 중요성을 깨닫게 되었고 여러 차례 토론회를 통해 여론을 확산시키고 대책을 구체화시킬 수 있었다. 그야말로 정책으로 정치를 풀어낸 성과다.

그리고 그간 토론회와 간담회를 통해 미세먼지가 국가적 재난이 될 수 있다는 결론을 내고 대책을 마련하기 위한 법안 작업에 착수

'미세먼지 대책을 촉구합니다.' 광화문 집회 현장

했다. 미세먼지가 국가 재난이 된다면 국가재정법상 긴급한 예산을 편성해야 하는 요건에도 맞아 국가의 예산 지원도 한층 강화될 수 있기에 미세먼지를 사회재난으로 정의하는 국가재정법을 대표 발의했다.

미세먼지가 국가안전관리체계에 따른 위기단계별 조치 대상에 포함됨으로써 일개 부처가 아니라 국가 차원에서 체계적인 대응이 이루어지게 하고, 대기오염물질을 배출한 것이 명백하게 입증되면 그 책임도 물을 수 있게 하여 대기오염물질 배출을 억제하도록 하는 내용이다.(sbs 미세먼지 사회재난)

정책으로 정치를 풀다

미세먼지 막자.. 350개 초등학교에 공기정화장치 시범 설치

(서울=뉴스1) 권형진 기자 = 올해 전국의 초등학교 350여 곳에 공기정화장치가 시범 실시된다. 미세먼지에서 초등학생들을 보호하기 위한 조치다. 지방교육재정교부금도 1조8,000억 원가량 추가 편성되어 시·도 교육청 재정 운용에도 다소 숨통이 트일 전망이다.

(중략)

올해는 공기 질이 취약한 지역의 초등학교를 대상으로 공기정화장치를 시범 설치한다. 정책 연구를 통해 효율성 평가 등을 거쳐 내년 모든 초등학교로 확대하는 방안을 검토할 예정이다. 내년 본 사업은 시·도 교육청에 직접 내려보내는 보통교부금에서 추진할 예정이다.

공기정화장치 시범 설치 예산을 확보한 데에는 국회 예산결산특별위원인 김병욱 더불어민주당 의원의 노력이 컸던 것으로 알려졌다. 김 의원은 평소에도 교실 안에서 미세먼지 농도($\mu g/㎥$)가 80 이상인 곳이 전체 초·중·고의 10%나 된다는 조사 결과를 공개하며 '학교시설 예산을 국가 본예산으로 편성하는 것은 국가재정원칙에 위배된다'는 야당 의원들의 반대를 설득했다.

미세먼지 농도가 80 이상이면 '나쁨' 단계다. 교육부는 지난 4월 고농도 미세먼지 실무 매뉴얼을 개정해 '나쁨' 단계부터 실외수업을 자제하도록 권고한 바 있다. 그동안 '주의보' 단계에서부터 실외수업 자제를 권고했었다. 김 의원은 "국가재정원칙을 지키는 것도 중요하지만 그보다 중요한 것은 우리 아이들의 건강을 지키는 것이라는 점을 지속적으로 설득해 관련 예산을 반영했다"며 고 전했다.

법안의 통과도 쉽지 않았다. 하지만 그간 토론회와 간담회로 함께 인연을 맺은 학부모들과 함께 대국민 서명도 받고 광화문에서 집회도 함께 열면서 여론을 움직이기 시작했다. 정치적 대립으로 회의가 열리지 않아 법안 통과가 어려웠지만 여론이 움직이기 시작하니 그동안 움직임이 없었던 소속 상임위에서 법안을 심의하고 일사천리로 본회의를 통과했다.

이 밖에도 국회 미세먼지대책특별위원회 위원으로 질의를 통해 유치원에만 인정되던 질병결석을 어린이집까지 확대하도록 정책 개선까지 이어갔다.

이제 학교 미세먼지 대책을 넘어 도시 미세먼지 저감을 위한 방안도 차근차근 준비 중이다. 한걸음 한걸음 차분히 나간다면 우리 국민들이 만족할 만한 정치를 정책을 통해 펼칠 수 있지 않을까 생각한다.

정책으로 정치를 풀다

미세먼지 대책 관련 간담회 및 토론회

▷ 분당을 미세먼지 대책위원회와 간담회 진행 / 2016.10.2. / 2016.10.25.

▷ 미세먼지 없는 세상을 위한 '시민의 목소리' 전달식 / 2017.4.26.

▷ 시민단체 '미세먼지 대책을 촉구합니다(미대촉)'와 미세먼지 대책 현황 점검 간담회 / 2017.8.17.

▷ 학교 공기질 관리 최적방안 도출을 위한 정책토론회 / 2017.9.20.

▷ 깨끗한 학교 실내 공기 마련을 위한 정책토론회 / 2018.2.20.

▷ 시민단체 '미세먼지 대책을 촉구합니다'와 교육청 담당자와의 간담회 / 2018.4.19.

▷ 도시 내 미세먼지 저감을 위한 전문가 세미나 / 2018.5.2.

▷ 도시 내 생활공간 미세먼지 저감을 위한 정책토론회 / 2019.2.14.

더불어민주당

문 의 | **김 병 욱** 의원실(784-3670), **김 해 영** 의원실(784-1051)

정시확대
왜
필요한가

2019년 10월 29일(화) 오전 11시
국회의원회관 8 간담회의실

주 최 | 국회의원 **김 병 욱** · 국회의원 **김 해 영**

정책으로 정치를 풀다

02

학종의 문제점은 보완하고
공정한 교육(입시)정책을 주장하다

국회의원 당선 이후 어떤 상임위를 가야 하나 솔직히 고민이 많았다. 금융권 출신으로 관련 상임위를 갈까도 생각했지만 무엇보다 우리 분당 주민들의 관심이 높은 교육 관련 상임위로 가서 목소리를 대변하고 열악한 학교 체육 시설도 마련하는 게 필요하다고 판단했다.

교육 전문가가 아니다보니 처음에는 낯설기도 하고 감을 잡기 어려웠다. 그래서 관련 토론회를 더 많이 했는지도 모른다. 자유학기제, 대안교육, 평생교육, 학생부 종합전형, 특성화고, 유아교육, 소프트웨어 교육 등 다양한 분야의 토론회를 열고 전문가들의 의견을 들었다. 다양한 분야의 토론회를 열다보니 안타깝지만 현재 우리 교육정책의 핵심은 입시정책, 특히 '학종'이라 불리는 학생부 종합전형의 개선이라고 결론을 내게 되었다.

잠재력 있는 다양한 인재를 선발하는 학생부 종합전형의 취지는 우리 교육이 나아가야 할 방향이 분명 맞다. 시험으로만 평가할 수

정책으로 정치를 풀다

없는 학생들도 존재하고 이들을 선발할 수 있는 제도가 필요하다는 것도 인정한다. 하지만 우리 교육 현장에서 이런 취지를 충분히 수용할 만한 준비가 되어 있는지는 반문해보고 냉정하게 평가해야 한다고 생각했고, 객관화된 자료로 학종의 실태를 파악하고자 했다.

2017년 국정감사를 준비하던 중 일부 학교가 학종에서 좋은 평가를 받기 위해 '교내상'을 남발하고 있다는 제보가 들어왔다. 한 학교에서 여러 가지 이름을 붙여 100개가 넘는 상을 주고 있다는 이야기였다. 물론 학교의 특성을 살려 순수한 목적으로 학생들에게 상을 주고 있다면 칭찬할 일이지만 학종을 염두에두고 편법적으로 남발하고 있다면 이는 바로잡아야 한다고 생각했다.

이를 계기로 전국 17개 시도교육청의 고등학교 교내상 실태를 최

초로 전수조사했다. '교내상'을 단 한 개도 주지 않는 학교부터 200개가 넘는 학교까지 그야말로 천차만별이었다.

문제는 학생들의 능력과는 무관하게 학교의 운영에 따라 받는 교내상이 달라진다는 거다. 아무리 우수한 학생이라도 학교에서 주는 상이 없다면 불리한 평가를 받고, 평범한 학생에게까지도 특별한 상을 주는 학교에 다닌다면 좋은 평가를 받는다는 거다.

동아리 활동도 마찬가지였다. 전국에 있는 고등학교 동아리 활동 운영 현황을 전부 들여다봤고 학교 상황에 따라 편차가 큰 것을 확인할 수 있었다. 일부 학원에서는 "학종의 꽃은 동아리 활동이다"라고 강조하고 학원에서 학교 동아리 활동을 지원하기도 한다는 거다. 어떤 학교, 어떤 부모를 만나냐에 따라 학종의 중요 요소들의 평가가 달라질 수 있는 게 현실이었다.

이뿐만 아니라 교사 추천서를 교사가 표절하여 제출하고 불이익은 추천서를 받은 학생이 받는 황당한 경우도 있었고 심각한 수준으로 자기소개서를 표절하고도 합격하는 사례도 있었다.

2017년 국정감사에서 이렇게 실태 조사를 바탕으로 한 객관화된 자료로 문제점을 지적했고, 교육부도 이를 받아들여 개선안을 마련

정책으로 정치를 풀다

KBS "우리는 안 적어줘요"…
천차만별 학생부 '세특'에 학종 '흔들'

MBC '자소서' 절반을 베껴도…
포항공대·카이스트 합격

JTBC [단독] 김병욱 의원, "수능 절대평가
땐 전 영역 1등급 최고 10배↑"

SBS '동아리 200개' 대입 유리한
자사고 학교 간 격차 커

했다. 교내상과 동아리 활동은 한 학기당 1개씩 기재하고, 교사 추천
서는 상당 부분 내학들이 폐지하는 등 성과가 있었다.

하지만 교육부에서 학종에서 문제가 되는 교내상, 동아리 활동,
교사 추천서 등을 축소하고 나니 남는 것은 '세부능력 및 특기사항'
과 '행동특성 및 종합의견'인데 이 중 몇 차례에 걸친 학생부 종합전
형 토론회에서 나온 의견은 '세부능력 및 특기사항'이 학종에서는
매우 중요하다는 거였다. 원래도 중요했지만 비교와 영역이 대폭
축소되니 앞으로 더 중요해질거란 의견이었다.

그리고 '세부능력 및 특기사항'을 학교에서 학생들을 성적순으로 잘하는 학생만 기재하고 나머지 학생들은 기재조차 하지 않는다는 학부모님들의 의견이 있었다. 정무위로 상임위를 옮겼지만 관련 조사와 분석을 통해 학부모님들의 이야기가 사실임을 확인할 수 있었다. 전수조사를 실시하다 보니 일부 학교 선생님들로부터 항의도 많이 받았지만 왜 이런 조사가 필요한지 설명하자 납득하시는 분도 많고 응원해주시는 분들도 생겼다.

이런 자료들을 분석하고 나니 지금 상황에서 학종의 비율을 높이는 것은 매우 불합리하다는 판단을 하게 되었고 학종이 본래의 취지를 살릴 수 있는 교육 환경이 조성되기까지는 정시를 확대하는 것이 바람직하다는 생각이 들었다.

하지만 개인적인 의견으로 굳히기보다 토론회를 열어 다양한 전

정책으로 정치를 풀다

문가들과 현장의 이야기를 듣는 게 필요하다고 생각했다. '정시확대 왜 필요한가'라는 다소 선명한 주제를 가지고 국회에서 토론회를 열었다. 지나가던 학부모들도 현수막을 보고 참가해서 의견을 제시할 정도로 현장의 열기는 뜨거웠고 그날 저녁 지상파 주요 뉴스들도 이 토론회 내용을 소개했다.

국민들이 공정성에 의구심을 품는 학종의 실태를 밝히기 위해 객관화된 자료를 조사하고, 전문가들과 현장의 이야기를 토론회를 통해 수집하고 여론을 모아나갔다. 결국 정부에서는 정시를 40% 이상으로 확대하고 세부능력 및 특기적성은 모든 학교에서 기재할 수 있도록 도움을 주고 개선해나가겠다는 입장을 밝혔다.

학종의 개선안을 마련하기 위해 국회에서 정책자료와 토론회를

정시확대 왜 필요한가 토론회

통해 문제제기를 하고 이와 더불어 지역 주민들에게는 어렵게 보이는 학종에 대한 이해를 돕기 위해 주요 대학 입학사정관들을 불러서 각 학교에 대한 설명과 학부모들의 토론을 병행했다. 개선도 필요하지만 현실도 인정하고 준비할 수 있도록 돕는 게 지역 국회의원의 도리라 여겼다.

학생부 종합전형 토론회를 600명 이상 수용이 가능한 성남시청 온누리홀에서 열었는데 앉을 자리가 없어 바닥에 앉아 있는 학부모들도 많았다. 그 모습을 보며 주민들의 요구에 조금 더 열심히 반응하고 의정활동을 펼쳐야겠다고 마음먹었다. 하나씩 풀어나다가 보면 답이 보이지 않을까.

정책으로 정치를 풀다

학생부종합전형 토론회(2019. 8. 30)　　학생부종합전형 토론회(2017. 8. 23)

성남시청 온누리홀 600석을 꽉 채운 학생부 종합전형 토론회

2019년 주주총회 결산 연속토론회

주주총회를 통해 본 한국기업의 현재와 미래

1차

2019년 3월 정기 주주총회
결산 분석 및
회계투명성 제고 방안

일시 : 2019. 4. 22 (월) 오전 10시
장소 : 국회의원회관 제1세미나실

좌장	▶ 한 길 석 한국회계학회 부회장
발제1	▶ 김 학 균 신영증권 리서치센터장
발제2	▶ 송 민 섭 서강대학교 경영대학 교수
패널	▶ 이 창 목 NH투자증권 리서치센터장
	김 태 홍 그로쓰힐자산운용 대표
	김 재 윤 삼일회계법인 전무
	김 종 선 코스닥협회 전무
	이 종 성 회계사(참여연대 실행위원)
	손 영 채 금융위원회 공정시장과 과장

2019년 3월 정기 주주총회
의안 분석 및
주주총회 활성화 방안

일시 : 2019. 4. 24 (수) 오전 10시
장소 : 국회의원회관 제1세미나실

좌장	▶ 이 형 규 한양대 법학전문대학원 교수
발제1	▶ 류 영 재 서스틴베스트 대표
발제2	▶ 황 현 영 국회 입법조사처 입법조사관
패널	▶ 정 성 엽 대신지배구조연구소 본부장
	원 주 영 신영자산운용 본부장
	이 총 희 회계사(경제개혁연대)
	정 우 용 한국상장회사협의회 전무
	명 한 석 법무부 상사법무과 과장
	안 창 국 금융위원회 자본시장과 과장

| 주최 | 국회의원 김병욱

| 후원 | 금융투자협회, 한국거래소, 한국상장회사협의회, 코스닥협회, 한국공인회계사회

정책으로 정치를 풀다

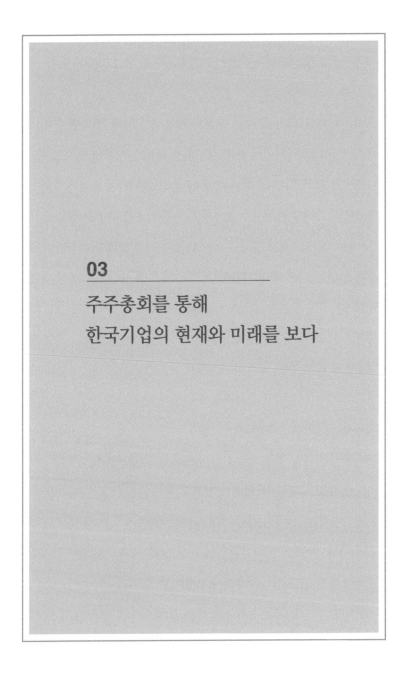

03

주주총회를 통해
한국기업의 현재와 미래를 보다

"주주총회 활성화로 실질적인 기업지배구조 개선 이끌어내야"

2019년 4월 22일과 24일 양일에 걸쳐서 기업별·업종별로 지난해 실적을 되돌아보면서 한국 기업의 현재와 미래를 분석해보자는 취지에서 열린 〈2019 주주총회 결산 연속토론회〉는 국회가 주관한 주주총회 관련 토론회라는 점에서 특별한 의미를 부여할 수 있다.

자본주의 경제에서 경제 주체인 기업의 경영 성과를 분석하고 평가하는 것은 기본 중의 기본이다. 그럼에도 불구하고 그동안 국회 차원에서 주주총회를 결산하는 토론회가 없었다는 얘기를 듣고 과감하게 시도했다.

또한 증권맨 출신 국회의원으로서 국회가 정치 이슈, 사회 이슈에 대해서는 민감하고 적극적으로 반응하지만, 증권시장의 이슈에 대해서는 상당히 소홀한 측면이 있고 이해도 역시 낮다는 평가에서 준비한 증권시장, 자본시장 중심의 토론회이기도 했다.

첫 번째 토론회인 〈기업결산 실적 분석과 회계투명성 제고 방안〉 토론회에서는 2019년 결산 기업의 매출, 영업이익, 배당실적 및 업종별 현황 분석과 신 외부감사법 시행 이후 나타나는 회계감사의 변화에 대한 평가와 기업의 회계 부담에 대한 의견을 나눴다.

2019년 주주총회는 지배구조 개편, 스튜어드십 코드 도입 등 다양한 변화 속에서 일부 기업들 중심으로 배당 등 주주 친화적 환원 정책을 강화하겠다는 긍정적인 움직임이 나타났다.

또한 신 외부감사법 시행으로 37개의 상장사가 '비적정 감사의 견'을 받는 등 회계투명성이 한층 강화될 것이라는 기대를 낳기도 했다. 반면, 상장폐지 등으로 인한 투자자 피해 예방과 기업의 회계 부담을 낮추기 위한 방안 마련이라는 과제도 함께 남겼다.

두 번째 토론회인 〈안건 분석 및 주주총회 활성화를 위한 입법 정책적 과제〉 토론회에서는 2019년 주주총회 의안 분석을 통해서 기관투자자들의 의결권 행사를 점검하고, 섀도우보팅 폐지 이후 주주총회 활성화 방안을 논의했다.

2019년 주주총회는 지배구조 개편, 스튜어드십 코드 등 다양한 환경 변화가 나타났지만, 여전히 코리아 디스카운트 문제로 부각되고 있는 낮은 배당, 슈퍼주총데이, 낮은 전자투표 활용도 등 개선해야 할 부분이 많다는 점도 확인했다.

2019년 주주총회에서 가장 눈에 띄는 점은 국민연금이 2018년 7월

말 스튜어드십 코드(수탁자책임 원칙)를 도입하고 첫 번째 맞는 2019년 주주총회에서 '주총 거수기' 꼬리표를 떼고 적극적으로 주주권을 행사했다는 점이다.

스튜어드십 코드는 연기금과 자산운용사 등 주요 기관 투자가들을 위한 의결권 행사 지침이다. 기관투자가들에게 큰 저택에서 주인 대신 집안일을 맡아 보는 집사나 청지기(스튜어드)와 같은 역할을 기대한다는 의미에서 생겨난 용어로, 기관들이 투자를 할 때 맡은 돈을 자기 돈처럼 소중히 여기고 최선을 다해 운용해야 한다는 지침이다.

정치권 일부에서는 이러한 국민연금의 의결권 행사를 '연금사회주의'라고 비판했지만, 상법상 주주평등원칙에 입각해 의결권 행사를 하는 것은 주주의 당연한 권리이고 국민연금의 정당한 의결권 행사를 연금사회주의로 매도하는 것은 옳지 않다고 생각한다.

오히려, 국민연금을 비롯한 연기금과 기관투자자가 적극적인 주주권을 행사하면서 올해 주주총회에서 나타난 가장 큰 변화는 기업의 배당금이 늘어나 배당성향이 확대되고, 지배구조와 관련한 적극적인 의결권 행사로 인한 주주권 강화로 요약될 수 있다.

정책으로 정치를 풀다

그리고, 이러한 변화는 그동안 한국기업의 저평가를 불러온 '코리아 디스카운트'를 해소하는 바람직한 변화로 볼 수 있다.

다만, 국민연금이 앞으로 의사결정 과정에서 독립성과 전문성을 어떻게 확보할 것인지는 중요한 과제로, 국민연금의 의결권 행사가 정권이나 정파 차원에서 행사되지 않으려면 독립적 구조를 만드는 것이 중요하고 누가 보더라도 객관적이고 타당한 기준을 만들어야 한다. 또한, 국민연금 수탁자위원회의 결정에 보다 객관성을 부여할 수 있는 방안에 대한 논의도 필요할 것이다.

주주총회는 회사의 최고 의사결정 기구다. 그럼에도 불구하고 실제 기업 현장에서는 주주총회가 형식적으로 운영되고 있다는 것이 일반적인 평가다.

주주총회가 본래의 취지대로 경영진과 이사를 감시하는 역할을 수행하기 위해서는 지금보다 훨씬 많은 주주들이 참석하고 발언할 기회를 가져야 한다.

또한 주주총회를 개최하는 회사도 주주총회를 통해 주주와의 소통을 늘리고 회사의 비전을 알리는 기회로 삼아야 한다. 국내 기관투자자들도 지금보다 훨씬 적극적으로 주주총회에 참석하여 의견을 개진해야 한다.

많은 주주들이 주주총회에 참석해 적극적 주주권을 행사하고, 기업도 주주들에게 회사의 비전을 제대로 알리면서 기업과 주주가 머리를 맞대고 기업 지배구조를 개선해나간다면, 코리아디스카운트 해소에도 많은 도움이 될 것으로 기대한다.

주주총회 활성화가 우리 자본시장 발전의 선결 과제인 만큼 상법, 자본시장법 등 기업 지배구조 관련 법제도를 현실에 맞게 정비해, 실질적인 기업 지배구조 개선을 통해 기업 가치를 높여 지속 가능한 기업 환경을 만들어 주는 것이 국회가 해야 할 몫이다.

정책으로 정치를 풀다

2018년 10월 31일(수) 오전 10시
국회도서관 소회의실

추락하는 한국증시
대진단 정책토론회

– 한국증시 저평가의 원인과 대책 –

좌장 ▶ 김 병 욱 국회의원 (더불어민주당)

발제 ▶ 김 학 균 센터장 (신영증권 리서치센터)

패널 ▶ 박 정 훈 국 장 (금융위원회)
이 수 철 실 장 (국민연금 기금운용본부)
황 세 운 박 사 (자본시장연구원)
구 용 욱 상 무 (미래에셋대우증권)
이 진 영 본부장 (NH자산운용)
최 석 원 상 무 (SK증권)
권 구 훈 전 무 (골드만삭스증권)

주최 │ 국회의원 **김 병 욱** (문의 02.784.3670)
후원 │ 금융투자협회, 자본시장연구원

정책으로 정치를 풀다

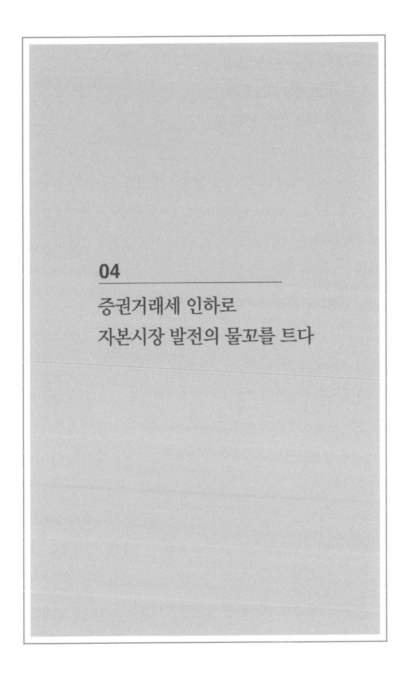

04

증권거래세 인하로
자본시장 발전의 물꼬를 트다

23년 만의 증권거래세 인하!
자본시장법 제정 10년 만에
사모펀드 규제 전면 개정안 발의!

우리나라 국민 자산 구성을 보면 70% 가까이 부동산에 쏠려 있다. 이렇다 보니 '부동산 공화국'이라는 오명에도 불구하고 너도나도 부동산 마련을 위해 쓸 돈 못 쓰고 모으고 또 모은다. 그렇게 모아 만든 집 한 채는 적게는 수억 원에서 많게는 수십 억 원의 가치가 있지만, 은퇴하고 나면 정작 쓸 수 있는 돈은 없다. 남들 보기에는 부자인데 가난한(?) 삶을 살 수밖에 없는 모순된 상황이다. 그래서 나온 말이 '하우스 푸어'다.

20대 국회 유일의 증권맨 출신 국회의원으로서, 국민 자산의 대부분이 부동산에 몰려 가용 현금이 부족해지는 상황이 걱정되었다. 금융 선진국인 미국은 국민 자산에서 금융자산의 비율이 60%를 훌쩍 넘는다.

우리의 경우 그 비율이 턱없이 낮은 상황에서 '어떻게 하면 우리 국민도 은퇴 후 안락한 노후를 살 수 있을까' 끊임없이 고민했다. 그러다가 생각한 것이 '자본시장 활성화'다. 이미 국민 자산 대부분이 비금융자산에 몰려 있는 만큼, 금융자산 비중을 높여 금융 선진국으로 가기 위한 방안은 쉽지 않을 듯했다. 우선 상임위원회를 정무위원회로 옮기고, 당 자본시장활성화 특별위원회 위원으로 활동하며 자본시장 발전을 위한 제도적 개선에 힘을 다했다.

자본시장은 기업이 필요한 자금을 제때 조달하여 성장할 수 있게 만들어 경제를 선순환시키는 중요한 시장이다. 그러나 우리나라에서 자본시장은 흔히 '돈 있는 사람들의 투자 놀이터', '가진 자들만의 리그'처럼 부정적으로 인식되어 왔다. 게다가 저금리 기조가 오랫동안 이어지면서 늘어난 부동자금이 생산적 분야가 아닌 부동산 시장으로 지속적으로 유입되고 있다. 부동산 가격은 하늘 높은 줄 모르고 올라 자산 거품이 발생한다는 우려가 현실이 되고 있다. 반면 우리의 창업, 벤처 기업들은 뛰어난 기술과 아이디어를 가졌음에도 불구하고 자금 조달에 어려움을 겪고 있다.

자본시장이 제 역할을 하게 되면 자금이 기업으로 흘러들어가고 생산과 설비 투자에 쓰여 일자리 문제를 비롯한 경제 침체를 해결할 수 있다. 이는 경제의 선순환을 일으켜 결국 우리 국민의 주머니를 두텁게 만들 수 있다.

2018년 10월, 한국 증시가 갑작스럽게 대폭락하며 많은 사람들이 주식시장의 흐름을 염려했다. 물론 주가는 기업의 실적과 정부의 통화금융 정책, 기타 내외부적 환경에 의해 오르내리게 마련이지만 세계 증시가 오를 때는 오르지 못하고, 내릴 때는 훨씬 더 빠지는 한국 증시에 대해 많은 투자자들이 넋을 잃은 것이 사실이다. 그래서 〈추락하는 한국증시 대진단〉이라는 긴급 현안 주제를 가지고 토론회를 열었다. 많은 국민적 우려가 모아진 시기에 긴급하게 한국 증시의 문제를 짚어보고, 중장기적 대책을 마련하고자 전문가, 업계의 지혜를 구했다.

민주당 의원으로서 증시 관련 토론회를 개최하니 많은 사람들이 의아하다는 반응을 보였다. 당연한 의정 활동인데, 그동안 자본시장에 대해 우리 국회가 얼마나 무관심했는지 보여주는 반증이다.

그날 모아진 의견 중 하나가 바로 증권거래세 인하 요구였다. 그러나 그동안 정부는 증권거래세 인하에 대해 부정적이었다. 증권거래세가 낮아지면 투자자의 거래비용 부담이 그만큼 줄기 때문에 주식 거래가 활발해질 요인이 생긴다는 점에서 증권거래 법정세율을 0.5%에서 0.15%로 인하하는 법안을 발의하고 기획재정부에 의견을 전달했다.

이어 〈자본시장 발전을 위한 주식시장 관련 바람직한 세제개편방안 마련 세미나〉도 개최했다. 증권거래세 인하를 포함해 자본시장 발전을 위한 전반적인 과세체계 개편에 대한 방안을 모색하기

정책으로 정치를 풀다

위해 금융조세포럼과 공동으로 마련한 자리였다. 이날 증권거래세율 인하와 더불어 장기투자를 장려하기 위한 양도소득세상의 세제 특례, 투자자금의 위험회피 성향을 완화하는 손익통산의 확대, 모험 자본의 축적에 필요한 손실 이월공제 등 자본시장 발전을 위한 전반적이고도 촘촘한 과세 개편 방안이 필요하다고 제시했고, 이날 토론자로 참석한 기재부 담당자는 과세 체계 개편에 따른 과세 대상자들의 세 부담 완화 효과와 형평성 등을 전반적으로 검토하겠다고 말했다.

이러한 노력들에 대한 뜻 깊은 성과 중 하나가 바로 23년 만에 정부의 증권거래세 인하발표이다. 이는 자본시장에 대한 정부의 시각 변화가 시작되었다는 점에서 무척 의미 있는 결과다.

경향신문　　　　　2019년 3월 22일 금요일 001면 종합

증권거래세 23년 만에 0.05%P 인허 … 0.25%로

증권거래세가 23년 만에 0.3%에서 0.25%로 0.05포인트 낮춰진다. 금융기관이 기업에 대출할 때 보조지표로 활용하던 기술능력이 이르면 내년부터 주요 심사항목에 포함된다. ┃관련기사 6면

금융위원회·기획재정부·법무부는 21일 문재인 대통령 주재로 서울 을지로 IBK기업은행 본점에서 열린 '혁신금융 비전 선포식' 행사 후 '혁신금융 추진방향'을 발표했다.

금융위와 기재부는 증권거래세법 시행령을 개정해 올 상반기 중으로 유가증권 시장과 코스닥시장의 증권거래세율을 0.3%에서 0.25%(농어촌특별세 0.15% 유지)로 낮추기로 했다. 증권거래세율은 1996년 이후 현재까지 변화가 없었다. 또 국내 또는 해외주식 중 하나에서 투자손실이 나면 국내와 해외주식 양도차익에 연간 단위로 모두 합산하기로 했다. 지금까지는 국내주식 거래와 해외주식 거래를 구별해 양도소득세가 부과됐다.

이날 문 대통령은 "아이디어와 기술력 같은 기업의 미래성장 가능성을 평가해 기술력있는 창업기업의 자금조달에 불꼬가 트일 것으로 기대한다"고 말했다.

유희곤 기자 hulk@kyunghyang.com

자본시장 활성화를 위한 또 하나의 값진 성과는 사모펀드 규제체계를 글로벌 스탠더드에 따라 정비함으로써 국내 사모펀드가 받고 있던 역차별을 해소하고 기울어진 운동장을 바로잡는 '자본시장법'을 대표발의한 것이다.

그동안 기업들의 자금 조달은 은행 중심의 담보 위주 보수적인 대출이 주를 이뤄왔다. 그러다보니 신용등급이 높은 큰 기업들은 자금 조달이 수월하지만, 창업·벤처기업들은 원활한 자금 조달이 어려웠다. 그렇기 때문에 사모펀드의 필요성이 크다. 사모펀드는 기업의 미래 가치를 보고 혁신적인 투자를 아끼지 않는 대표적인 모험자본이다.

자본시장 내에서 가장 대표적인 모험 자본인 만큼 '사모펀드'는 자율성이 최대한 발휘되어야 하는 전문가 시장이다. 따라서 규제가 최소화되어야 하는데도 국내에선 과도한 규제로 성장을 가로막고 있는 현실이다. 자본이 국경을 넘어 자유롭게 이동하는 시대에 글로벌 스탠더드와 동떨어진 규제를 고집한다면, 글로벌 경쟁에서 뒤처질 수밖에 없다. 해외의 경우에는 사모펀드가 연기금 등의 주요 투자처로서 국민의 자산 증식에도 일조하는 한편 위험을 적극 감수하는 모험 자본 투자를 통해 혁신기업의 성장에도 기여하고 있다. 이제 우리나라도 사모펀드 제도 개편을 통하여 창업·벤처기

정책으로 정치를 풀다

업의 성장 단계별 맞춤형 투자 활성화, 국내 사모펀드의 대기업 지배구조 개편 논의 참여 확대, 시장 중심의 선제적 기업 구조조정 및 M&A가 활성화되기를 기대한다. 20대 국회에서 본회의까지 통과되어 규제를 바로 잡을 수 있도록 최선을 다할 것이다.

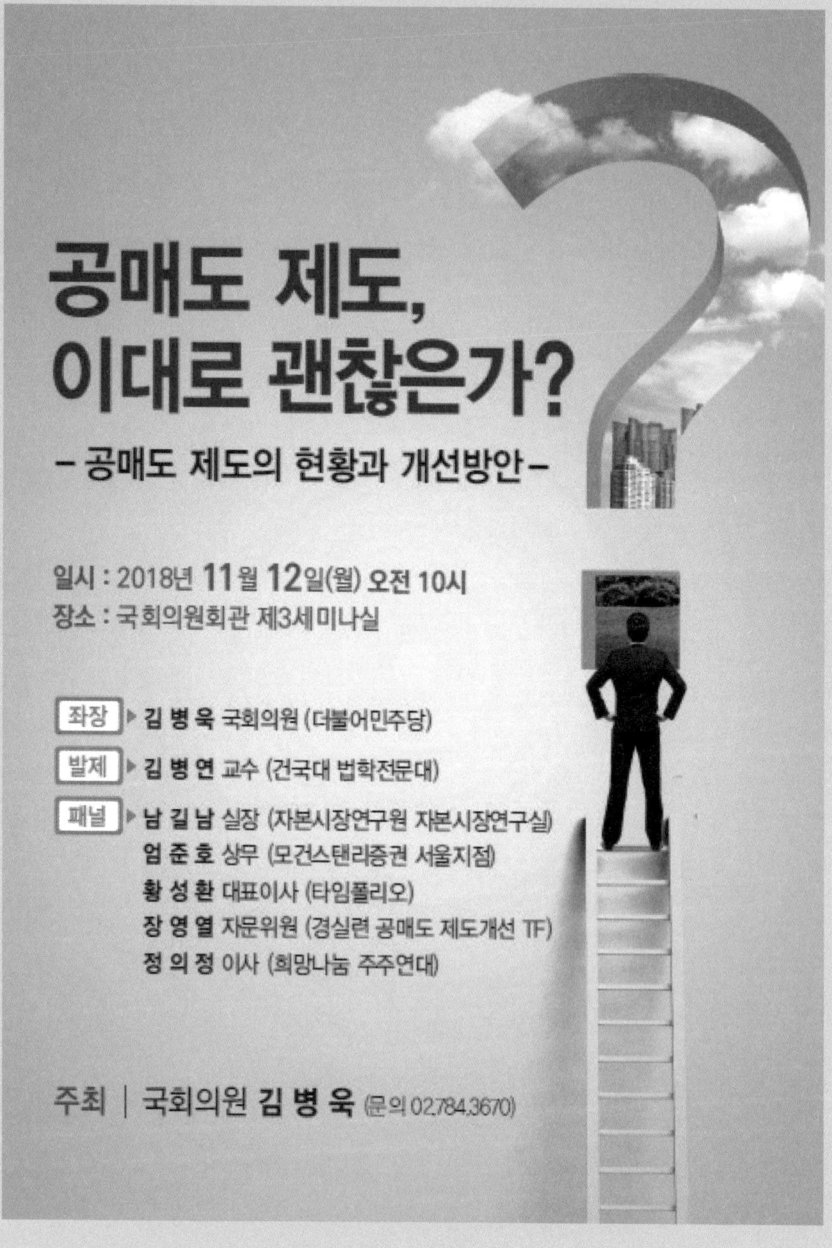

공매도 제도, 이대로 괜찮은가?

– 공매도 제도의 현황과 개선방안 –

일시 : 2018년 **11**월 **12**일(월) 오전 **10**시
장소 : 국회의원회관 제3세미나실

좌장 ▶ 김 병 욱 국회의원 (더불어민주당)

발제 ▶ 김 병 연 교수 (건국대 법학전문대)

패널 ▶ 남 길 남 실장 (자본시장연구원 자본시장연구실)
　　　 엄 준 호 상무 (모건스탠리증권 서울지점)
　　　 황 성 환 대표이사 (타임폴리오)
　　　 장 영 열 자문위원 (경실련 공매도 제도개선 TF)
　　　 정 의 정 이사 (희망나눔 주주연대)

주최 | 국회의원 김 병 욱 (문의 02.784.3670)

정책으로 정치를 풀다

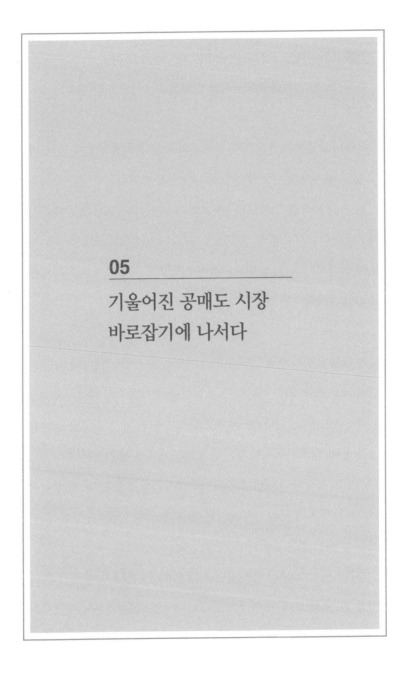

05

기울어진 공매도 시장
바로잡기에 나서다

기울어진 공매도 시장의 불합리한 제도개선 요구!
주객전도된 업틱룰 예외규정을 바로잡겠단 답변을 받아내다!

우리나라 주식시장은 해외 주요국과 다른 특이점이 하나 있다. 바로 개인 투자자의 비중이 절대적이라는 것이다. 최근 3년간 주식시장의 거래 비중을 살펴보면 70~80%는 개인이다. 그런데 공매도시장은 전혀 다르다. 외국인이 70%, 기관이 30%이고, 개인은 1% 정도에 불과하다. 이는 공매도시장이 외국인과 기관에게만 지나치게 유리한 시장이라는 반증이다.

이 때문에 주가가 출렁일 때마다 개인들은 공매도 세력에 대한 불만을 터뜨렸다. 특히 지난해에는 삼성증권 유령주식 배당사고(사실 이 사건은 공매도는 아니지만)와 골드만삭스증권 무차입 공매도 사건 등을 통해 법으로 금지된 무차입 공매도가 사실상 가능한 주식매매 시스템의 허술함이 드러나자 개인투자자들의 분노는 더 커졌다. 지난해 4월 청와대 국민청원 게시판에 공매도 폐지 청원자가 한 달 만에 무려 24만 명을 넘었다.

증권업에서 10년간 종사했던 사람으로서 시장유동성 공급과 가격 발견, 위험 관리 등 자본시장에서 공매도의 순기능에 대해서는

정책으로 정치를 풀다

인정하지만, 시세 조종 등에 언제든 악용될 수 있도록 방치된 허술한 환경에서 국민이 갖는 공분 역시 충분히 공감할 수 있었다.

연합뉴스TV "국감인물" 선정
개미투자자 속 풀어준 정무위 김병욱 의원

2018년 국정감사에서 해외주식시장과 다른 우리나라 자본시장 환경을 짚어보고, 이에 맞는 제재와 규정으로 재정비해 줄 것을 요청했다. 이에 대해 금융위원회 최종구 위원장도 제재 수준 강화를 약속했다.

국정감사 때 수차례 공매도의 문제를 지적한 데 이어 실무나 현장의 문제나 상황을 들여다보는 것이 제도 개선의 방향을 잡는 데 중요할 것이라는 판단에 〈공매도 제도, 이대로 괜찮은가〉를 주제로 토론회를 열었다.

증권업계와 전문가, 시민단체의 견해 차이는 팽팽했다. 그러나 공매도 자체의 폐지보다는 무차입 공매도가 불가능하도록 시스템 정비, 현행 규정상 무차입 공매도를 악용하는 허점 제거, 강력한 사후 제재 수단 마련에 초점을 맞췄다. 토론회 이후에도 국회 법제실과 모아진 의견으로 입법을 위해 끊임없이 연구했다. 그러나 주식시장에 악영향을 미치지 않으면서 개인투자자들도 보호하는 조화로운 법을 만드는 것은 사실상 쉽지 않은 일이었다.

2019년 국정감사에서는 무차입 공매도를 방지한다는 업틱룰(Uptick-rule) 제도의 허점을 들여다보았다. 업틱룰은 공매도로 주식을 팔 때 시장가보다 낮은 가격에 매도할 수 없게 하는 규정으로 주가가 급격히 떨어지는 것을 막는 안전장치다. 그러나 안전장치가 제대로 작동하고 있는지 의문이다.

정책으로 정치를 풀다

정 무 위 원 회 회 의 록

일 시 2019년 10월 21일(월)
장 소 정무위원회회의실

[김병욱 의원] 이 부분에 대해서 정말로 좀 안타깝습니다. 그래서 우리 금융당국이 좀 제대로, 우리 시장을 살리기 위해서는 외국이든 기관이든 개인이든 똑같은 페어(fair)한 룰에 의해서 거래를 해야 되는 것 아닙니까, 그렇지요?

이런 원칙에 의해서 현물주식 있는 사람이 먼저 팔게 해주는 것이 저는 정의라고 봅니다. 주식이 없는 사람한테 먼저 기회를 주고 먼저 그 사람한테 시장의 비대칭 정보를 활용할 기회를 주는 것보다, 현물주식을 갖고 있는 사람들이 먼저 주식을 팔고 그 사람이 위험을 회피할 수 있는 기회를 주는 것이 맞지, 공매도시장을 너무 우리가 그냥 일반적인 룰에 의해서 방치하고 있는 것이 아닌가, 방임하고 있는 것이 아닌가 하는 생각을 자꾸 하는데요.

위원장님, 간단히 말씀해주시기 바랍니다.

[금융위원장 은성수] 위원님, 저도 그 뒤에 공부 좀 했는데 아직도 부족합니다마는….

첫째는 아마 생각할 때는 선의로 생각해서 각자 선의로 클릭하면 우리가 다 잡아낼 수 있다는 생각인데 지금 위원님은 만약에 선의라고 속이고 들어오는 놈을 어떻게 잡겠느냐 하는 부분에 대해서는 한번 신중하게 생각해보고요.

두 번째는 지금 저도 보고받기를 시장 조성 측면에서 이렇게 했다고, 예외를 했는데 그게 과연 12개까지 우리가 예외로 해줄 필요가 있는지….

[김병욱 의원] 그러니까요, 예외조항을 축소하는 문제….

[금융위원장 은성수] 근본적인 문제까지 고민을 해서 저도….

[김병욱 의원] 그러니까 차입 공매도만 허용되는데 무차입 공매도를 어떻게 사전에 적발해낼 것인가, 두 번째 업틱룰의 예외조항이 너무 많다, 그 부분을 어떻게 정비할 것인가, 반드시 의견을 내서 저희 의원실로 보고해주시기 바랍니다.

〈중략〉

[김병욱 의원] 아까 제가 공매도 관련해서 차입 공매도가 아닌 무차입 공매도, 그 다음에 업틱룰의 예외가 너무 폭넓게 적용되고 있어서 이 공매도 시장이 외국인 전용시장으로 되어 있고 '외국인들의 놀이터' 이런 얘기도 나오고 있습니다. 우리나라 국내 시장은 외국 시장과 달리 개인 투자자의 비중이 워낙 높은 나라예요. 아시지요, 그렇지요? 코스피는 한 50% 되고요, 코스닥은 한 70~80%의 개인투자자가 이 시장을 지탱하고 있습니다.

그러다 보니까 공매도에 대해서 뭐 예민할 수는 있겠지만 불신이 상당히 높은 거예요. 아까 금융위원장님도 말씀해주셨지만 감독원장님 입

정책으로 정치를 풀다

장에서 이 부분에 대해서 어떻게 제도 개선을 해나갈지 한 번 말씀해 주시면 고맙겠습니다.

[금융감독원장 윤석헌] 굉장히 어려운 것 부탁을 하셨는데, 저희는 사실 금융위 쪽하고 협의를 해서 이 문제를 풀어나가야 되는 게 기본이기 때문에 제가 조금 다른 생각을 갖고 있어도 이 자리에서 과연 얘기하는 게 적절할지….

[김병욱 의원] 소신껏 말씀해주세요.

[금융감독원장 윤석헌] 그러시다면, 저는 사실 시장의 일정 부분을 폐지할 수 있다고 생각합니다. 특히….

[김병욱 의원] 공매도의 일부분….

[금융감독원장 윤석헌] 예, 공매도 시장 일부분을 폐지할 수 있다고 생각을 합니다. 예를 들면 홍콩 같은 데가 그런 방식을 취하고 있는데요, 소액주식이라든지 그런 부분에 대해서. 지금 문제가 되는 것은 그쪽이니까 그러한 부분을 한번 검토해볼 수는 있지 않을까, 평소에 그렇게는 생각해본 적이 있습니다.

[김병욱 의원] 그러면 그 생각을 조금 정책으로 가다듬어서 개미투자자들이 갖고 있는 공매도에 대한 불신을 해소할 수 있는 그런 방안들을 내주시기 부탁드리겠습니다.

[금융감독원장 윤석헌] 저희가 내부에서 한번 검토해보고 금융위 쪽하고도 협의를 하고서 보고를 드리겠습니다.

업틱룰 제도가 도입된 이후 업틱룰 규정 위반으로 제재조치 받은 사례는 10년 전 단 한 번 뿐이고, 이후 업틱룰 예외규정 조항과 거래 비중은 점점 많아졌다.

특히 올해 8월은 일본의 수출보복 조치와 미중 무역 갈등, 홍콩 시위 등 대내외적인 악재로 코스피 시장이 불안정한 상황이었고, 코스피 2000선도 무너졌다. 이러한 악재 속에서 전체 공매도에서 업틱룰 예외조항으로 거래된 비중은 40%가 넘는 날도 있었다. 그럼에도 업틱룰 위반에 대한 감시와 감독은 사실상 어려운 상태다.

이러한 상황에서 업계 자율에만 맡기는 현 시스템으로는 주가 하락 가속화와 투자심리 악화를 방지한다는 공매도 업틱룰 제도가 제 기능을 할 수 있는지 의문이 들었다. 이에 대한 지적에 따라 금융위원회와 금융감독원은 업틱룰을 포함한 공매도 제도 전반에 대한 제도 개선을 준비하고 있다. 이 대안은 올해를 넘기지 않으려 한다.

두 번의 국정감사를 준비하면서 우리나라 공매도 제도의 민낯을 보았다. 개인도 시장참여자로서 불리한 대우를 받아서는 안된다.

정책으로 정치를 풀다

특히나 제도적으로 갱니이 불리한 환경을 만드는 것은 더더욱 안된다고 생각한다. 쉽지 않은 일임은 안다. 그렇지만, 기울어진 공매도 시장을 바로잡기 위해 끝까지 금융당국을 감시하는 역할을 멈추지 않을 것이다.

공정경제 실현을 위한 입법과제는?

공정거래법 · 상법 · 금융그룹감독법 개정을 중심으로

일　시 | **2019. 3. 5 (화) 오후 2시**

장　소 | **국회 의원회관 제3세미나실**

주최·주관 | **국회의원 김병욱·공정거래위원회**

주제발표

· **서　정 변호사**(법무법인 한누리)

좌　장

· **이　황 교수**(고려대 법학전문대학원)

토　론

· **김 성 삼 국장**(공정위 기업집단국)
· **이 명 순 국장**(금융위 금융그룹감독혁신단)
· **명 한 석 과장**(법무부 상사법무과)
· **송 민 경 박사**(한국기업지배구조원)
· **최 승 재 변호사**(대한변협 법제연구원장)
· **김 윤 정 박사**(한국법제연구원)

문의 : **김병욱 의원실**(784-3670)

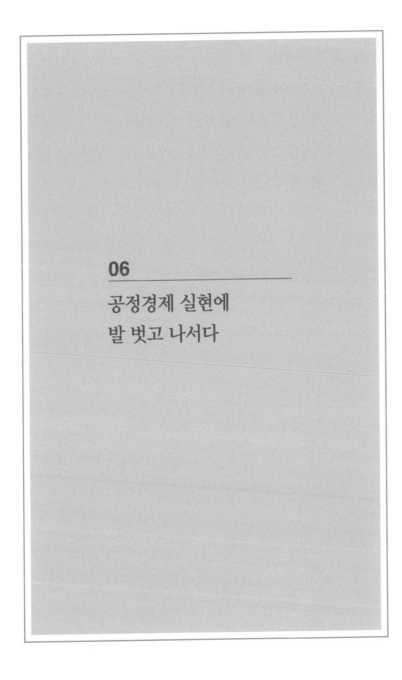

06
공정경제 실현에
발 벗고 나서다

반칙과 특권이 없는 사회, 더불어 잘사는 나라의 근간은 바로 공정경제다. 기울어진 운동장이 아니라 누구든 실력을 가지고 땀 흘려 노력한 대가를 받을 수 있는 기반이 필요하다.

20대 국회 하반기 정무위원회로 상임위를 옮긴지 얼마 되지 않아 하도급 업체의 대표가 분신해 자살한 사건이 있었다. 그는 6명의 자녀를 둔 50대 가장으로 원청이 공사비를 지급하지 않아 어려움을 겪고 있었다. 그가 원청 대표에게 남긴 유서에는 "아무리 어려워도 직원들 월급은 꼭 챙겼습니다. 사장님도 그렇게 살았으면 좋겠습니다"라는 내용이 담겨 있었다. 얼마나 억울하고 분했으면 6명의 자녀를 두고 분신이라는 극단적 선택을 했을까 가슴이 먹먹해졌다.

이를 계기로 국정감사에서 하도급 갑질 문제를 전반적으로 짚어나갔다. 우리나라 5대 건설사 중 뒷돈이나 원가 후려치기 등 갑질로 유명한 A기업의 대표를 국정감사 증인으로 채택하고 검찰로부터 제출받은 공소장과 의원실에서 접수한 제보를 바탕으로 따져 물었다.

하도급 업체에 고급 외제 승용차를 요구하고, 아들 축의금 명목으로 1억 원을 요구하는 등 확인된 것만 수십 차례 수억 원의 편취가 있었고 2018년 국정감사를 기준으로 지난 1년간 A기업에 대한 공

정책으로 정치를 풀다

정위 신고도 20건이 되었지만 대부분 심사불개시, 증거불충분을 사유로 심사되지 않았다.

A기업 대표는 잘못을 인정하고 재발방지 대책을 마련하겠다고 약속하고 고개를 숙였다. 대기업 대표가 잘못을 인정하고 재발 방지 대책을 마련한 것도 성과지만 공정위의 잘못된 업무 관행이 이러한 갑질을 키웠다는 것을 밝혀낸 것이 더 큰 성과였다.

A기업은 하도급법 위반으로 최근 3년간 공정위로부터 6.75의 벌점을 받았다. 관련법에는 법 위반으로 인한 시정조치 유형에 따라 벌점이 부과된다. 최근 3년간 누적 벌점이 5점을 넘으면 공공입찰이 제한되고 10점을 넘으면 영업정지가 된다. 그런데 A기업은 5점이 넘었음에도 불구하고 아무런 조치가 없었다.

과연 A기업만의 일인지 따져보기 위해 하도급법 위반 벌점내역을 모두 분석했다. 결과는 하도급법 위반으로 공공입찰 제한 요건이 되는 기업이 수십 개나 되었고 영업정지에 해당하는 기업도 있었다. A기업뿐 아니라 수십 개의 기업이 하도급법 위반으로 공공입찰 참가 자격이

KBS 뉴스9
'유명무실' 공정위 갑질제재…
입찰에 나갈까지 무사통과

제한되어야 하지만 공정위의 안일한 업무로 인해 제재를 받지 않았다. 이러한 관행이 지속되다 보니 하도급 문제가 제대로 해결될 리가 없는 거다.

당시 김상조 공정거래위원장은 잘못을 인정하고 제도 개선을 약속했다. 그리고 기업들 사이에도 하도급법 위반으로 벌점을 받게 되면 최고 영업정지까지 받을 수 있다는 위기감이 생겼고, 실제 영업정치 처분이 내려졌다.

처벌 수위가 너무 높아 집행할 수 없는 법과 규제는 차라리 처벌수위를 낮추더라도 명확한 기준으로 엄정하게 집행해야 효과가 생긴다. 있으나마나 한 법과 규제는 불신만 쌓을 뿐이다. 차라리 없는게 낫다. 이를 계기로 공정위와 전문가, 업계와 함께 머리를 맞대고실행 가능한 규제를 만들기 위한 토론회를 개최했다. 공정위에서는토론회 결과를 바탕으로 개선안을 곧 마련할 계획이다.

국정감사에서 잘못을 지적한 A기업은 공정위 조사 결과 3년간 759개의 하도급업체를 대상으로 2,897건의 하도급거래법 위반행위가 밝혀져 과징금 7억 3,500만 원을 부과받았다. 이제 적어도 A기업은 하도급법 위반을 예전처럼 하지는 못할 것이다.

또 하나 중요하게 소개할 것은 하도급 서면 실태조사 방식의 전면

정책으로 정치를 풀다

하도급 갑질업체 공공입찰 퇴출제에 구멍..김상조 "개선안 마련"

연합뉴스 2018.10.25.

하도급법 위반으로 일정 수준 이상의 벌점을 받은 기업을 조달청 공공입찰에서 퇴출하는 공정거래위원회의 제도가 허술하게 운영된 것으로 드러났다.

30개가 넘는 업체가 벌점 기준을 넘겼는데도 공정위의 입찰참여 제한 결정을 받은 업체는 3곳에 불과하다는 지적이 국정감사에서 나왔다.

김상조 공정거래위원장은 25일 국회에서 열린 국정감사에서 더불어민주당 김병욱 의원의 이같은 지적에 대해 "부끄럽다. 시스템 전체를 살펴보고 개선 방안을 마련하겠다"고 답했다.

이 제도는 기업이 하도급법을 위반해 첫 벌점을 부과받은 이후 3년 내에 5점을 초과하면 조달청 공공입찰에서 퇴출하는 내용의 '하도급 갑질' 방지책이다. 벌점은 처벌 수위에 따라 고발 3점, 과징금 2.5점, 시정명령 2점, 경고 0.25점 등으로 매긴다.

하지만 그동안 제대로 운영되지 않았다는 것이 김 의원의 지적이다.

김 의원의 분석에 따르면 2015년 6월~2018년 6월 하도급법 위반 벌점 합계가 5점을 초과한 업체는 34곳에 달한다. 이 가운데 한일중공업(19.25점), 한화S&C(9.75점), SPP조선(9.5점), 화산건설(9.25점) 등은 벌점이 기준치를 훌쩍 넘겼는데도 공정위는 아무런 조치를 취하지 않았다.

개편이다. 공정위는 하도급거래의 실태를 조사하여 이를 개선하기 위한 방안을 마련하고자 지난 1999년부터 매년 하도급거래 서면 실태조사를 발표하고 있다.

2018년 하도급 서면 실태조사에 따르면 '정당한 사유없는 기술자료의 제공 요구 0.9%', '대금 부당 감액 2.6%', '대금 미지급 4.3%' 정도로 심각한 문제는 없는 것으로 발표되었다. '그런데 대체 왜 하도급업체 사장은 대금을 받지 못해 분신 자살까지 감행할까?' 라는 의구심이 들었다. 제대로 조사하고 있는 건지 확인하기 시작했다.

결과는 그야말로 엉터리였다. 조사 대상이 되는 하도급업체 명단을 원청인 원사업자가 제출하고, 하도급업체는 본인들의 사업자등록번호까지 기재하고 설문조사에 응해야 했다. 하도급업체가 본인들의 정체가 들어날 수도 있는 상황에서 솔직하게 설문조사에 응할 수도 없고, 명단을 제출하는 원사업자는 자신들과 관계가 좋지 않거나 빈번하게 법 위반을 일삼은 하도급업체는 제외하고 명단을 제출한 가능성이 충분히 있다. 물론 이러한 문제에 대한 기본적인 통계처리 역시 없었다.

정책으로 정치를 풀다

이러한 문제에 대해 조성욱 공정거래위원장은 전면적인 개선을 약속했고 공정위는 표본 선정부터 설문 설계, 결과 분석까지 개선 방안을 마련하여 보고했고 이를 발표했다.

공정경제를 실현하기 위해서는 지금 시행되고 있는 법과 제도가 제대로 작동되는 것과 더불어 오래되어 녹슨 법과 제도는 다듬어

김상조 공정거래위원장과 함께

야 한다. 공정거래법은 1980년에 제정되어 40년이 되었지만 지금까지 전면 개편이 없었다. 그러다보니 재벌 총수 일가의 사익편취, 편법적 지배력 확대 등의 문제가 생겨 이를 보완하기 위해 기업집단법제와 관련한 토론회를 개최하고 의견을 모았고 관련법도 대표발의 했다.

그리고 원청업체의 납품시기 지연으로 하도급업체의 영업비용이 증가한 경우, 하도급업체 책임이 아닌데도 관련 비용을 고스란히 떠안았다. 원청 업체와 비용을 분담할 법적 근거가 없어서 생긴

정책으로 정치를 풀다

불공평한 문제다.

이를 해결하기 위해 원청업체가 납품 시기를 변동하면 계약금액의 내용과 비율에 따라 하도급 대금을 증액하고, 하도급 업체의 책임이 아닌 이유로 납품 시기가 변동되면 원청업체에 하도급 대금 조정을 신청할 수 있도록 하는 내용의 법안을 대표발의하고 원안으로 통과시켰다.

우리 사회의 어두운 그림자인 불공정 관행을 개선해나가기 위해 할 일이 많다. '땀 흘려 일한 만큼 제대로 보상받는 사회'를 꼼꼼한 정책으로 풀어내겠다.

DLF 사태로 본 설계·판매과정의 소비자보호 문제 토론회

2019년 11월 5일(화) **오후 2시**
국회의원회관 제9간담회실

좌장	**고동원** 교수 (성균관대학교 로스쿨)
발제 ❶	DLF 사태로 본 초고위험 금융상품의 판매 문제점 **조남희** 원장 (금융소비자원)
발제 ❷	DLF 증권판매 은행등의 민형사상 책임 **전문수** 변호사 (법무법인 로고스)
토론	**조영은** 국회입법조사관 (국회 입법조사처) **윤민섭** 책임연구원 (한국소비자원) **백병성** 소장 (소비자문제연구소) **정우현** 부국장(금융감독원)

주최 | 국회의원 **김병욱**, (사)금융소비자원

문의 : 김병욱 의원실 T. 02-784-3670

정책으로 정치를 풀다

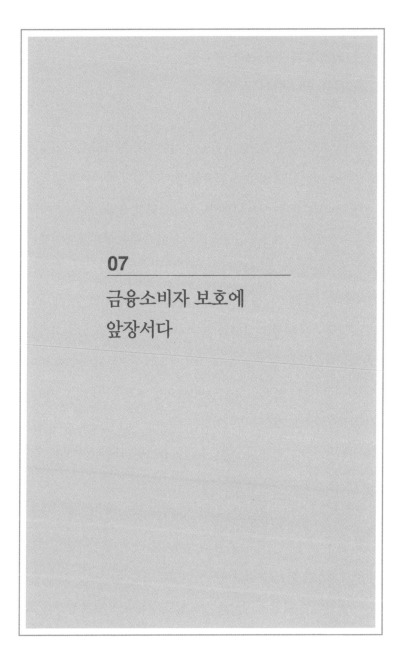

07

금융소비자 보호에
앞장서다

'펀드리콜제' 대안에 금융당국 호평,
우리은행·하나은행 즉각 도입

2019년 8월, 평생 모아온 돈을 순식간에 잃은 안타까운 사연들이 의원회관 1003호에 쏟아졌다. '제2의 키코'라고 불리며 떠들썩했던 DLF(파생결합펀드) 사태 때 의원실을 방문한 사람들이다. 저마다 사연은 달랐지만, 그들은 공통적으로 본인이 어떤 상품에 가입했는지도 잘 몰랐다.

처음에는 최대 수익률이 3~4%이지만, 손실률은 100%까지 내려가는 상품 구조임에도 이렇게 많은 사람들이 가입한 것에 의아했다. 그러나 그들은 손실률이 100%인 상품인지 모르고 가입한 피해자가 대다수였다. 놀라운 것은 만 90세 이상 초고령자 13명, 만 80세 이상 고령 고객도 260여 명이었다는 것이다. 이번 사태를 통해 사람들에게 알려진 고위험 파생결합상품인 DLF는 금융당국 직원조차 이해하는 데 한참이나 걸렸다고 한다.

금융감독원이 발표한 DLF 중간 검사 결과를 보면 단순 불완전판매를 넘어 설계부터 제조, 유통 과정까지 사기 판매가 아닌가 하는 합리적 의심을 지울 수 없었다.

먼저, 규제를 피할 목적으로 사모펀드 형태로 쪼개기 발행을 했

　　　　　　　　정책으로 정치를 풀다

다. 둘째, 손실률이 100%까지 열려 있어 투자자에게 절대적으로 불리한 상품 구조였다. 셋째, 은행이 안전하다고 믿었던 고객을 타깃으로 삼았다. 넷째, 금리 하락기에도 수수료 목적으로 위험성은 오히려 확대 설계했다. 다섯째, 판매한 직원들도 제대로 모르는 파생상품을 판매했다.

이러한 근거를 들어 국정감사에서 금융위원장에게 철저한 조사와 신속한 피해자 구제를 촉구했다.

더불어 은행에서 판매하는 고위험 파생상품을 대상으로 '펀드리콜제' 도입을 검토할 것을 요청했고, 금융감독원장은 이에 대해 좋은 대안이라 답했다. 펀드리콜제는 고위험 펀드 판매시 일정기간 내 상품의 약정수익률과 수수료, 원금 손실, 만기 등 자세한 부분들을 공지하여 이를 다시 확인받는 과정을 거친 뒤 투자자 보호를 위해 리콜 기회를 부여하는 것이 골자다.

우리은행과 하나은행이 내가 제안한 '펀드리콜제'를 DLF 대규모 손실 사태 대책으로 내놓았다.

사실 펀드리콜제를 대안으로 제시한 가장 큰 이유는 이번 사태로 자칫하면 지나친 규제를 도입하여 시장을 위축시킬 수 있다는 우려 때문이었다. 금융소비자 보호는 강화하면서 시장 또한 발전시킬 수 있는 방안을 마련하는 것이 필요했다.

이에 11월 5일과 12일 두 번에 걸쳐 DLF 사태와 관련한 정책 토론회를 열었다.

고위험 상품의 설계 판매 과정에서의 소비자 보호가 미흡했던 부분을 짚어보고, 법률적 쟁점에 대한 전문가들의 의견도 들었다. DLF 사태의 직접 당사자들인 피해자들도 관심을 가지고 참석했다.

현재와 같은 저금리 상황에서 DLF 사태는 언제든지 재발할 수 있기 때문에 금융소비자 보호를 위한 제도 개선은 반드시 필요하다. 동시에 저금리이기 때문에 예금이 아닌 다양한 상품 개발도 필요하다. 그렇기 때문에 금융위원회의 고난도 사모펀드의 은행 판매 제한 조치는 아쉬운 점이다. 사건이 발생하면 지나친 규제로 가는 것보다는 재발 방지나 사후 규제 측면에 중점을 두는 대안이 옳다고 생각한다. 그런 측면에서 펀드리콜제는 금융회사와 금융소비자가 모두 윈윈할 수 있는 대책이었기에 큰 호응을 받지 않았나 싶다.

금융 분야에서 약자인 금융소비자는 보호받아야 한다. 이와 관련한 정책과 제도는 계속해서 보완해나갈 생각이다. 더불어 시장이 위축되지 않도록 규제 부분도 개선해나갈 것이다. 세상에는 절대선도 절대악도 없다. 조화를 이루기 위한 균형점을 찾아나가는 것일 뿐이다.

정책으로 정치를 풀다

매경이코노미 (인터뷰) **국감서 빛난 베스트의원**

김병욱 더불어민주당 의원

"펀드리콜제, 불완전판매 잠재울 대안"

2019. 10. 21

최근 독일 금리 연계형 파생결합펀드(DLF) 대규모 손실 사태로 시끄럽다. 펀드 판매사 중 하나였던 우리은행은 사태의 책임을 통감하고 "고객의 자기결정권을 높이는 '투자 숙려제도'와 금융소비자로서 권리를 보호하는 '고객 철회제도' 도입을 고려하겠다"고 밝혔다.

우리은행이 '고객 중심 자산관리' 혁신 방안을 내놓은 데는 정무위원회 소속 김병욱 더불어민주당 의원(54)의 역할이 컸다는 의견이 적지 않다. 김 의원은 지난 10월 8일 금융감독원 국정감사에서 "DLF 사태는 단순 불완전판매를 넘어 설계부터 제조, 유통 과정까지 복합적인 문제가 있다"며 '펀드 리콜제'를 도입하자고 주장했다. 이에 대해 윤석헌 금융감독원장은 "좋은 대안"이라고 답했고 곧장 우리은행이 '펀드 리콜제' 취지를 반영한 방안을 내놓게 됐다.

이어 KEB하나은행도 펀드 리콜제 도입을 발표했다. 김 의원은 국정감사 때마다 날카로운 현안 분석과 대안 제시로 호평받아왔다. 2016년부터 3년간 국정감사 우수의원상을 수상했고, 이번 국감에서도 베스트의원으로 주목받는다. 특히 여당 내 손꼽히는 자본시장·금융 전문가로 알려졌다.

1965년생 / 한양대 법대 / 고려대 경영학 석사 / 국민대 경영학 박사 / 전국증권유관기관노
조협의회 의장 / 경제정의실천시민연합 상임집행위원 / 제20대 국회의원(경기 성남 분당을,
현) / 더불어민주당 원내부대표 / 더불어민주당 정무위원회 위원(현) / 더불어민주당 정책위
원회 상임부의장(현)

Q 김 의원이 제안한 펀드 리콜제에 대한 반응이 뜨겁습니다.

A 소비자 보호는 금융시장의 중요한 화두입니다. 펀드 리콜제는 판매사
직원이 불완전판매를 한 경우 펀드 가입일로부터 15일 이내 투자 원
금을 수수료와 함께 투자자에게 돌려주자는 내용입니다. 일반 상품 하
자와 달리 금융상품은 불완전판매를 했느니 안 했느니 논란이 큽니다.
금융소비자에게 리콜 기회를 부여해 투자자를 보호하자는 취지입니
다. 리콜 기간이 너무 길면 펀드를 운용하는 데 문제가 발생하니 15일

정책으로 정치를 풀다

정도가 적당하다고 봤고요. 리콜을 제도화해놓으면 운용사는 좀 더 신중하게 펀드를 설계할 것입니다. 판매사는 정확하게 위험을 고지하고 마케팅하겠죠. 이 같은 사전 예방 기능이 가장 중요한 포인트라고 생각합니다.

내 퇴직/개인연금, 왜 수익률이 낮을까?

안정적인 노후생활 보장을 위한 사적연금 운용 제도개선 토론회

2019년 1월 30일(수) 오전 10시
의원회관 제1세미나실

좌장 ▶
김 병 욱 국회의원 (더불어민주당 국회정무위원회)

사회 ▶
지 철 원 연구위원 (트러스톤연금포럼)

발제 ▶
송 홍 선 박 사 (자본시장연구원)

패널 ▶
곽 희 경 과 장 (고용노동부 퇴직연금복지과)
이 경 희 교 수 (상명대학교 글로벌 금융경영학과)
김 세 중 분과장 (한국연금학회 개인연금분과)
이 수 석 본부장 (NH투자증권 연금영업본부)
김 성 일 분과장 (한국연금학회 퇴직연금분과)

주최 | 국회의원 **김 병 욱** (문의 02.784.3670)
후원 | 금융투자협회, 자본시장연구원

정책으로 정치를 풀다

08

노후소득 보장을 위한
연금청 설치를 요구하다

노후소득 통합 관리할 컨트롤타워(연금청) 필요!
기금형 퇴직연금·디폴트옵션 등 퇴직연금 개선작업 추진!

"내가 왕년엔 대기업 부장까지 했었지. 퇴직금으로 사업 한 번 말 아먹고 택시 시작한 지 5년인데… 요샌 경기가 너무 안 좋아."

백발의 택시 기사가 내게 던진 하소연이다. 택시를 타면 이런저 런 세상 소식을 들을 수 있어 일부러 택시를 타곤 한다. 그런데 가 만 보니 요 몇 년 사이에 택시를 운행하는 어르신들이 부쩍 많아 졌다. 내게 말을 건넨 어르신은 앞으로 노후생활에 대한 걱정이 크다고 했다.

이제는 '백세시대'라는 말이 자연스러울 정도로 초고령화 사회 로 접어들었다. 예의 택시 기사의 걱정은 비단 그분만의 문제가 아 니다. 거의 대부분의 어르신들이 노후 걱정으로 한숨이다. 일전에 신문을 보는데 한 줄 문구가 가슴을 울렸다.

"돈 없는 백세시대를 맞이하는 것은 재앙과도 같다."

우리나라의 고령화 속도는 세계에서 가장 빠른데, 노인빈곤율까 지 세계 최고다. 노인빈곤율이 45.7%로, 노인 2명 중 1명은 빈곤한 처지에 놓여 있다. 우리나라 다음으로 높은 나라가 멕시코인데 우

정책으로 정치를 풀다

리의 절반인 26.5%에 불과하다. 우리의 노후 빈곤 문제가 얼마나 심 각한지 여실히 보여주는 지표다.

노후를 위한 연금의 역할이 더욱 절실한 상황인데, 연금의 소득대 체율은 39.3%, 사적연금 가입률은 24.0%에 머물러 OECD 회원국 대비 낮은 수준이다. 평균수익률 또한 높지 않다. 그나마 국민연금 은 5%대 수준이고, 사적연금은 1%대에 머물러 있다.

이러한 낮은 소득대체율, 낮은 수익률을 개선하고 국민의 노후생 활을 통합적으로 관리하려면 현재 여러 부처로 나뉘어 관리되고 있 는 관련 업무를 하나로 모을 필요가 있다는 생각이 들었다.

현재 국민연금은 보건복지부(국민연금공단), 군인연금은 국방부(보 건복지관실), 공무원연금은 행안부(공무원연금공단), 사학연금은 교육 부(사학연금공단)가 각각 관리하고 있다. 사적연금도 퇴직연금은 고 용노동부가, 개인연금은 금융위원회가 각각 관리하고 있다.

금융위원회와 금융감독원이 2015년부터 통합연금포털을 구축 하여 각종 개인별 공적 사적연금 가입 정보를 통합 제공하고 있고 2017년 말까지 20만 명이 회원으로 가입하여 이용 중이다.

하지만 개인이 자신의 연금정보를 이용할 수 있는 반면 이를 관 리해야 하는 부처는 어느 누구도 통합적인 정보를 파악하거나 그에 기반을 두는 통합적인 노후소득 설계를 하지 못하고 있다.

이에 2018년 국정감사에서 홍남기 국무조정실장에게 국민의 노후소득 종합 설계, 각 연금의 적정 수익률 제고, 각 연금의 통합 관리가 가능하도록 국무총리실 산하에 연금청(가칭)과 같은 컨트롤타워를 설치할 필요가 있다고 지적했다.

홍남기 실장은 노후소득보장체계를 강화하고 더 효율적으로 운영해야 한다는 지적에 전적으로 공감하며, 연금청과 같은 정부조직 설치에 대해 검토하겠다고 밝혔다.

이후 개인/퇴직연금 수익률 제고를 위한 토론회와 초고령사회에 대비한 개인연금 활성화 방안 토론회 등을 개최하여 공적연금을 보완할 다층연금체계를 보장할 수 있는 방안을 연구하기 위해 전문가들의 의견을 구했다.

정책으로 정치를 풀다

또한 당 자본시장활성화특별위원회 위원으로 활동하며 학계, 업계, 당국 등과 수차례 퇴직연금제도 개선에 대해 논의했다. 우리는 퇴직연금이 약 200조 원 규모로 성장하면서 퇴직급여의 사외예치를 통한 안정성 확보라는 일차적인 목적은 달성했지만, 효율적인 자산운용에는 한계를 보였다는 데 공감했다.

이에 따라 기금형 지배구조를 선택적으로 도입하고, 확정기여(DC)형 가입자들에게는 디폴트옵션을 추가로 제공할 필요가 있다는 데 공통된 의견을 모았고, 당정 협의를 거쳐 입법을 추진했다. 이 같은 방안들을 도입하면 그동안 지적되어 온 퇴직연금 상품의 낮은 수익률 문제를 개선할 수 있게 되어 국민들의 노후 불안을 한시름 놓을 수 있을 것으로 기대된다.

기업활동지원과 내수경제활성화를 위한

기업 접대비
손금(비용처리)한도
상향과 명칭변경

┃일시┃ **2019. 11. 26(화) 오전 10시30분**

┃장소┃ **국회의원회관 제9간담회실**

┃ 토론회 구성 ┃

10:30 ~ 10:40 개회식

· 국민의례
· 축사

10:40 ~ 11:10 발제

· **접대비 손금한도 인상의 필요성과 기대효과**
  (삼일회계법인 이동건 전무)

11:10 ~ 11:50 패널토론

사회 : 손원익 교수
　　　(연세대학교 사회복지대학원 객원교수)

· **이근재 부회장**(소상공인연합회)
· **이태환 부장**((주)신라홀딩스 재무총괄)
· **김현수 팀장**(대한상공회의소 기업정책팀)
· **이성환 공동대표, 변호사**(녹색소비자연대)
· **홍성훈 박사**(한국조세재정연구원)
· **배병관 법인세제과장**(기획재정부)

11:50 ~ 12:10 토론 및 마무리

· **발제자 및 패널 정리발언**

공동주최 : 이원욱 의원실, 김병욱 의원실

정책으로 정치를 풀다

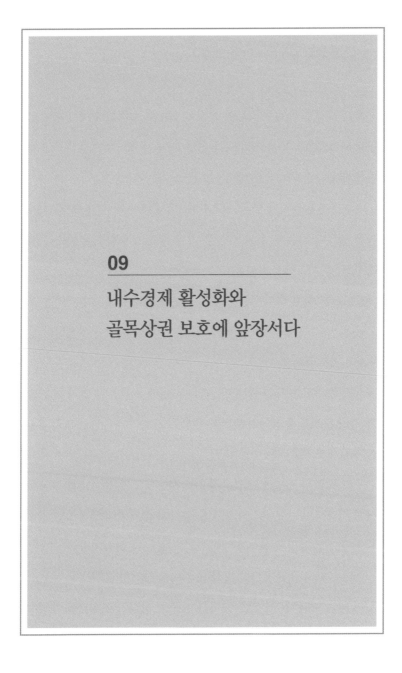

09

내수경제 활성화와
골목상권 보호에 앞장서다

"내수경제가 살아야 자영업자와 소상공인도 살아나"

최근 저성장 기조가 지속되고 경기 회복이 지연됨에 따라 글로벌 보호무역주의는 한층 확대되고 있다. 정부가 적극적으로 내수경제 활성화에 나서는 이유도 바로 여기에 있다.

내수경제 활성화를 위해서는 경제 3주체인 가계·기업·정부가 지출을 늘려야 하는데, 가계는 높은 가계부채로 인해 소비 여력이 부족하고, 정부도 재정 지출을 마냥 늘리는 것에는 한계가 있다.

그나마 지출 여력이 있는 기업이 지출을 늘려 내수를 진작하는 데 도움을 줄 수 있는 방안이 없을까 고민 끝에 나온 것이 이루바 기업 접대비다.

기업 접대비는 사업 관계자들과의 사이에 친목을 두텁게 해 원활한 거래 관계를 증진하기 위한 비용으로 기업의 경영활동 과정에서 불가피하게 지출되는 비용이다.

그러나 현행 세법에서 일반적으로 사용되고 있는 '접대'란 용어는 순기능보다는 부정적 이미지를 부각시켜 기업의 정상적인 거래 활동에 대한 국민의 인식을 왜곡시키고 있는 게 현실이다.

접대비 주요 지출처가 소비성 업종으로 경기와 정책에 민감한 특성이 있기 때문에 '접대비' 용어를 바꿔 부정적인 이미지를 개선하

정책으로 정치를 풀다

고, 손금 한도를 인상해 기업의 지출이 늘어나게 되면 내수경제와 자영업자의 영업에 일정한 활력을 불어넣을 수 있을 것이다.

벼랑 끝에 내몰린 자영업자들을 살리려면 세금보다는 기업의 곳간을 여는 게 훨씬 효과적일 것이다.

2017년 국세청 법인세 신고 기준 기업 접대비 규모가 10조 6,501억 원에 달하고 있어서 기업 접대비가 10%만 늘어도 1조 원 이상 자금이 풀리게 된다.

2018년 12월 접대비 관련 법안을 발의했을 때 댓글이 '룸살롱 진흥법'이었을 정도로, 접대비에 대한 부정적인 인식과 접대를 통한 반칙 문화를 우려하는 댓글도 많았다.

그러나 우리나라 기업의 접대 문화도 2016년 김영란법(청탁금지법) 시행과 음주 문화 변화의 영향으로 상당 부분 바뀌었다. 또한 세계 최고 수준의 카드 사용률, 기업의 윤리의식 향상, 기업 내부 회계 관리의 강화로 인해 접대비의 부정한 사용도 상당 부분 감소한 것도 고려해야 한다.

무엇보다 경제 환경이 침체되고 재정 정책이 단기 효과를 내지 못하고 있는 상황에서 경제의 한 축을 담당하는 기업의 지출 증가를 장려하면 상권 회복과 내수 증진에도 기여할 수 있을 것이다.

2019년 11월, 국회 기획재정위원회 기재소위원회에서 세입 예산 관련 법률안을 심사하면서 접대비 손금한도에 대한 논의도 있었지만, 기획재정부는 법인세 세수 감소를 이유로 손금한도 상향이 어렵다는 입장이었다.

접대비 손금한도 상향을 설득하기 위해 이원욱 의원과 함께 〈기업 접대비 손금(비용처리) 한도 상향과 명칭 변경〉 토론회를 개최하면서 접대비 손금한도 상향과 명칭 변경이 필요하다는 의견을 지속적으로 제기했다.

이런 노력이 영향을 미쳤는지, 정기국회 마지막 날인 2019년 12월 10일 중소기업 접대비 기본 손금액을 2,400만 원에서 3,600만 원으로 1,200만 원 올리고, 수입금액별 한도금액을 ▲매출액 100억 원 이하 0.2%에서 0.3%로 ▲매출액 100억 원 초과 500억 원 이하의 경우는 0.1%에서 0.2%로 올리는 내용의 법인세법과 소득세법 개정안이 통과되었다.

사실 자영업자는 우리 경제의 가장 약한 고리에 해당한다.

2018년 기준 우리나라 자영업자 비중은 25.1%로 OECD 평균인 15.3%보다 약 10%포인트 높고, 그리스(33.5%), 터키(32.0%), 멕시코(31.6%), 칠레(27.1%)에 이어 다섯 번째로 자영업자가 많다.

정책으로 정치를 풀다

기업 접대비 한도 2.5배 상향 추진

(한국경제/2018.12.25. 지면A1)

與野 의원 연내 공동 발의키로

기업 씀씀이 늘려 내수 살리기

여당이 기업 접대비 한도를 지금의 최대 2.5배로 늘리는 방안을 추진한다. 2016년 9월 '부정청탁 및 금품 등 수수의 금지에 관한 법률(김영란법)' 시행 후 쪼그라든 기업의 씀씀이를 늘려 내수 침체로 어려움을 겪는 중소상인의 숨통을 터주자는 게 취지다.

25일 정치권에 따르면 김병욱 더불어민주당 국회의원은 기업의 접대비 손금 산입 한도를 연매출(수입금액) 100억원 이하 기업은 기존 0.2%에서 0.5%로 높이는 내용의 법인세법 개정안을 연내 발의할 예정이다. 또 매출 100억원 초과~500억원 이하 기업은 0.1%에서 0.2%로, 500억원 초과 기업은 0.03%에서 0.06%까지 2배로 늘리기로 했다. 개정안은 또 접대비에 대한 부정적 인식을 바꾸기 위해 접대비 용어도 '거래증진비'로 변경하기로 했다.

이 법안에는 국회 기획재정위원장인 정성호 민주당 의원, 정무위원장 민병두 의원과 김정훈 자유한국당, 지상욱 바른미래당 의원 등 여야 의원

20여 명이 공동 발의자로 참여했다.

지난해 기업의 접대비 지출은 10조6,501억원으로 전년도(10조8,952억원)보다 2,451억원(2.2%) 줄었다. 김병욱 의원은 "기업 접대비가 10%만 늘어도 1조원 이상의 자금이 풀린다"며 "기업의 지갑을 열어 내수 시장에 활력을 불어넣고, 일자리 창출에도 도움이 될 것"이라고 말했다.

문제는 경기 둔화로 자영업자의 경영난이 가중되는 가운데 2018년 한 해 국내에서 폐업한 자영업자 58만 명 가운데 음식·숙박업 또는 도·소매업 종사자가 50.5%에 달한다는 것이다.

자영업자의 위기에는 내수 경기 위축과 함께 대기업이나 프랜차이즈에 의한 골목상권 붕괴도 한 원인이다. 이러한 골목상권의 위기에 대응하기 위해서, 많은 지자체에서 지역화폐를 통한 골목상권 살리기에 나서고 있다.

지역화폐는 할인율과 혜택 등으로 소비자를 유인한다. 그리고 이 할인율과 혜택만큼 재정을 투입하는 효과가 있기에 지역의 골목상권과 소상공인에게 그만큼 매출의 증가로 나타나는 것이다.

소비자 입장에서 보면, 재정으로 유지되는 할인율과 혜택으로 인

정책으로 정치를 풀다

해 지역 밖의 더 좋은 상품과 서비스, 그리고 이커머스를 통한 편의를 포기하고 지역 내 상품과 서비스를 구매하는 것이다.

실제로 민선 7기 경기도의 대표 정책 중 하나로 골목상권 활성화를 위해 추진한 경기지역화폐는 경기도민과 가맹점주에게 좋은 평가를 받고 있다.

경제는 순환이다. 돈이 돌아야 경제가 살아난다. 돈이 제대로 돌지 않으면 어느 한쪽이 탈이 나고 결국 '투자→고용→소비→소득 증가→투자 확대'로 이어지는 경제의 선순환 체계가 끊어진다.

저성장이 새로운 표준이 되는 우리 경제의 뉴노멀 상황에서 기존의 낡은 관습과 사고에서 벗어나, 경제를 이해하고 새로운 경제 상황에 맞는 법과 제도를 만드는 것이 '경제와 친한 국회'를 만드는 국회의원의 역할일 것이다.

데이터
경제 활성화를
위한 정책 과제

주최 국회 정무위원회 국회의원 김병욱,
경제·인문사회연구회

주관 경제·인문사회연구회 데이터기반 미래예측분과위원회
*간사기관: 정보통신정책연구원

2019.
09. 03.
Tue. 14:00-

국회의원회관 3간담회실

정책으로 정치를 풀다

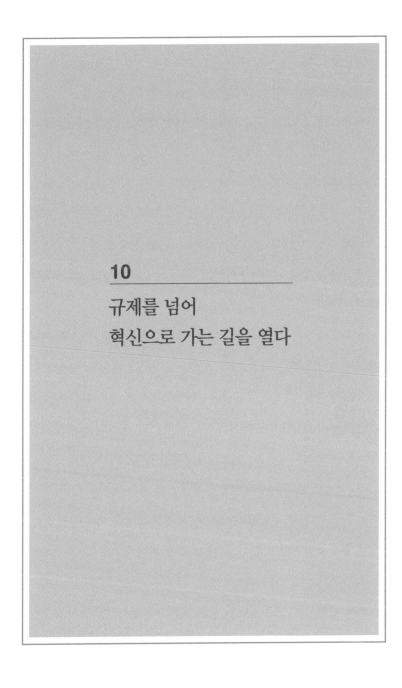

10

규제를 넘어
혁신으로 가는 길을 열다

빅데이터 활용으로 금융 혁신을 이루기 위한 신용정보법 발의

투명하고 건전한 암호화폐 시장 조성을 위한 특금법 발의

애니메이션 산업 육성 및 지원을 위한 애니메이션 산업 진흥법 발의

신용정보법을 발의한 지 1년이 넘었다. 문재인 정부는 세계적 흐름에 맞춰 '데이터를 안전하게 잘 쓰는 나라'를 만들기 위한 '데이터 경제 육성 방안'을 발표했다. 그리고 이를 위해 올해 1,787억 원의 예산을 투입했다. 나도 이를 뒷받침하기 위한 데이터 3법의 하나인 '신용정보법'을 대표발의했다.

데이터 산업은 다른 산업에 비해 전/후방 연쇄효과가 큰 만큼 데이터 자체 산업뿐 아니라 산업 전반에 활력을 불어넣고, 양질의 일자리를 창출할 것으로 기대했다. 그러나 국회의 잦은 파행으로 발의한 지 1년이 지났는데 아직도 발이 묶여 있다. 정책의 성패에 가장 중요한 것이 타이밍인데, 이를 놓치고 있는 상황이 안타깝다.

4차 산업혁명과 함께 데이터의 중요성이 점점 커지고 있다. 데이터는 21세기 원유이자 필수 자본이고, 세계 각국은 데이터 패권 경쟁체제에 돌입했다고 한다. 도대체 전 세계가 왜 데이터에 주목하는 것일까?

먼저, 기업의 성장 동력이다. 독일 지멘스는 제조설비에서 발생한

데이터를 활용하여 소프트웨어를 결합해 생산공정을 크게 단축하여 생산량이 8배 증가했고, 북미에 30만 달러어치 차(茶)를 수출한 티젠은 빅데이터를 통해 소비자 맞춤형 차를 출시하여 크게 성공한 바 있다. 또한 사람들의 삶의 질도 나아진다. 아마존은 고객들을 통해 경쟁사의 최저가를 실시간으로 수집하여 더 좋은 조건의 가격을 제시한다. IBM은 2억 페이지 분량의 정형, 비정형 데이터를 3분 이내에 분석해 환자의 치료법을 제시하는 왓슨을 출시했다. 또한 대형 병원들을 중심으로 빅 데이터 분석을 통한 환자의 질병 진단과 치료 방법에 대한 자체적인 연구를 진행하고 있다.

이렇게 세계는 사람(소비자)과 기업이 함께 윈윈하는 데이터 활용에 주목하고 있다. 그런데 대한민국은 IT 강국임에도 불구하고, 빅데이터의 구축과 유통, 활용을 위한 전반적인 데이터가 부족하고 개인정보 규제는 지나치게 엄격해서 폐쇄적으로만 유통되고 있는 상황이다.

신용정보법을 발의하고 나서 입법공청회와 간담회, 토론회를 여러 차례 개최했다. 매번 행사장을 가득 메울 만큼 전문가와 업계, 시민단체 모두에게 뜨거운 관심을 받았다. 특히 산업 현장의 법 통과에 대한 바람은 간절했다. 많은 분이 관련 산업을 준비한 지 1년이 다 되도록 법·제도적 미비로 한 단계 앞으로 나갈 수 없는 답답한 상황을 토로

했다. 대표발의한 국회의원으로서 국민께 송구한 마음이 들었다.

데이터 규제 혁신은 관련 산업뿐 아니라 금융소비자인 국민에게 돌아갈 혜택도 크다. 특히 사회 초년생이나 주부 등 금융 이력이 없는 소외계층은 비금융 정보가 활용됨으로써 더 낮은 금리로 대출받을 수 있게 된다. 또 건강 관리에 신경 쓰는 사람은 보험료를 할인받기도 하고, 개개인의 소비 패턴 등을 분석해서 자산 관리를 해주는 서비스도 받을 수 있다. 이런 게 바로 규제를 넘어 혁신으로 가는 길이다.

데이터 규제 혁신에 있어 '개인정보의 활용과 보호' 사이의 균형은 매우 중요하다. 이 가치를 달성하기 위해 학계, 시민사회 등 다양한 관계자들과 논의와 고민을 거듭하여 안전장치를 마련했다. 그러나 아직 '국민의 소중한 개인정보가 소홀히 다루어지지 않을까' 하는 우려도 있다. 이 부분에 대해서는 앞으로도 정부와 함께 지속적으로 살펴나가 대한민국을 '데이터를 가장 안전하게 활용하는 나라'로 만드는 데 힘쓸 것이다.

가상자산(암호화폐)을 제도권의 품으로 안다

가상자산 취급업자가 지켜야 할 규제를 담은 '특정금융거래정보의 보고 및 이용 등에 관한 법률(특금법)' 개정안이 정무위원회를 통과

　　　　　　　정책으로 정치를 풀다

했다. 국제자금세탁방지위원회(FATF) 가 내놓은 가상화폐 관련 권고안에 따라 올해 3월 내가 대표발의한 법이다. 특금법 개정안이 본회의 의결까지 마치면, 기본적인 법적 토대가 마련되지 않아 사기가 난무하던 시장에 신뢰를 부여할 수 있는 단초가 제공된다.

법안이 상임위원회를 통과하기까지 지난해(투명하고 건전한 암호화폐거래소를 디자인하다)와 올해(가상자산 거래 투명화를 위한 입법공청회)에 걸쳐 가상자산 관련 토론회와 공청회를 통해 전문가들과 현장의 의견을 모아 법안을 정비해갔다.

특금법 개정안은 ▲암호화폐, 가상화폐, 디지털화폐 등 다양하게 사용되던 용어를 '가상자산(Virtual Assets)'으로 통일하고 ▲암호화폐 거래소는 '가상자산 사업자(VASP, Virtual Assets Service Provider)'로 정의하는 내용을 담고 있다. 또 ▲가상자산 사업자가 되기 위해서는 금융정보분석원이나 금융감독원에 신고해야 하고, ▲신고를 위해서는 정보보호관리체계(ISMS) 인증, 실명 확인 가능한 입출금 계좌 사용, 고객 확인 의무 등을 준수해야 한다는 것이 주요 내용이다.

지난 2017년 암호화폐로 겪은 우리나라의 특수성을 고려할 때 이 법안은 '직접적 규제'라는 차원으로 접근하기보다는 투자자 보호와 신뢰, 공감대 형성을 위한 최소한의 장치라고 보는 것이 더 타당하다고 생각한다. 제대로 된 블록체인 기술 기반 가상자산 시장이 형성되면 블록체인 기술과 자금 조달 등이 선순환 구조를 이룰 것이다. 나아가 산업 내 옥석이 가려져 산업과 경제 발전의 좋은 자산이 되기를 기대한다.

대한민국 미래 산업인 애니메이션 발전의 기초를 만들다

얼마 전〈겨울왕국2〉관객이 1,200만을 넘었다. 이 밖에도〈쿵푸 팬더〉,〈인사이드 아웃〉,〈주토피아〉등의 애니메이션은 어린이만 본다는 편견을 깨고, 어른과 아이 모두에게 사랑받고 있다.

그렇다면 왜 우리나라 애니메이션 산업은 월트디즈니, 픽사, 일본의 스튜디오지브리만큼 발전하지 못하는 걸까? 우리나라도 애니메이션을 잘 만드는 사람들이 많다. 실제로 디즈니에도 한국 애니메이터들이 있고, 이번〈겨울왕국2〉에도 한국인이 참여했다고 한다. 한국의 애니메이션 산업은 기술이나 능력이 부족해서가 아니라 관련 산업 육성을 위한 국가적 지원이 없었기 때문이 아닐까 싶다.

정책으로 정치를 풀다

이런 생각에서 20대 국회 처음으로 애니메이션 진흥법 제정안을 발의했다. 물론 애니메이션 진흥에 관한 법률안이 18대, 19대에도 제정법으로 발의되었으나 번번이 국회 문턱을 넘지 못했다. 그런데 역대 최고 '식물국회'로 평가받는 20대 국회의 어려운 상황에도 불구하고 본회의를 통과시켰다.

18대, 19대에서 통과되지 못했던 만큼, 문화체육위원회 여야 의원들과 공동주최 토론회를 통해 인식의 폭을 넓히고 법안 통과의 필요성을 적극적으로 설명했다. 문체위, 법사위를 거치면서 우여곡절이 많았는데 그때마다 업계와 하나가 되어서 순발력 있게 대응한 것이 법안 통과에 도움이 되었다.

우리나라 애니메이션 산업(세계 4위 시장 규모)의 잠재력과 경쟁력은 매우 높은 편이다. 애니메이션 진흥법이 통과된 만큼 여러 열악한 여건들이 해소되고 정부의 체계적인 계획과 지원을 통해 업계가 자신감을 가지는 계기가 되기를 바란다. 그동안 눈부신 성과들을 바탕으로 다시 한 번 세계 시장에서 대한민국의 저력을 보여주길 응원한다.

3

살기 좋은 우리 분당, 더 살기 좋게

01
분당 16개 학교에
실내체육관을 유치하다

1989년 수도권의 주거 문제를 해소하고 기능을 분산하기 위해 건설하기 시작한 수도권 제1기 신도시(분당, 일산, 평촌, 산본, 중동) 가운데 가장 규모가 큰 곳이 분당이다.

1991년 입주를 시작한 분당신도시는 이제 30년이 되어가면서 도시계획 초기에 건설된 학교는 현재의 기준에 매우 미흡한 부분이 많으며, 노후화되어 학생들의 불편이 늘어가고 있다.

분당의 학교들은 시설이 매우 좋을 것이라고 지레 짐작하기 쉽지만 실은 생각보다 열악하다. 대부분의 학교가 신도시 계획에 따른 30년 전 눈높이로 지어져 실내체육관이 없는 학교가 많으며, 특히 분당을 지역의 초중학교의 경우 늘푸른초등학교와, 구미중, 내정중, 샛별중, 정자중, 청솔중 외에는 실내체육관이 없다.

분당 신도시가 생긴 30년 전에는 미세먼지도 지금과 같지 않아 야

정책으로 정치를 풀다

늘푸른중 실내체육관 '푸른솔관' 개관식

외 체육활동을 하는 데 지장이 없었지만, 지금은 미세먼지가 나쁨 이상으로 올라가는 날이 많고, 그렇게 미세먼지가 나쁜 날에는 야외 체육활동이 불가능하기 때문에 실내체육관이 반드시 필요하게 되었다.

학교 실내체육관 예산 확보는 까다로웠다. 국비가 70% 확보되어야만 나머지 시비 30%가 매칭이 되는 구조여서 그렇다. 교육부 관계자에게 지역구의 초중학교에 실내체육관이 없다고 예산 배정을 요구하니까 하는 말이 예의 고정관념을 벗어나지 못한다.

"그 잘사는 분당 학교에 체육관이 없어요? 농담하시는 거죠?"

국정감사에서는 사학 비리와 교육부의 문제점을 지적하며 엄하게 질타했지만, 국감이 끝나면 찾아가 읍소하고 설득하고, 지역의 학부모들과도 수시로 만나 신청부터, 설계, 기공, 준공에 이르기까지 소통한 끝에 16개 학교의 실내체육관 건립을 확정할 수 있었다.

수내중 실내체육관 '한올관' 개관식

국회의원 임기 초 공사를 시작한 늘푸른중(푸른솔관)·수내중(한올관)·수내초(드림홀)는 실내체육관을 개관을 할 수 있었고, 불정초·당촌초·성남신기초·성남미금초·탄천초·초림초·성남정자초·구미초·분당중·불곡중·장안중·백현중·이우고는 아이들의 마음을 담

정책으로 정치를 풀다

은 학교 체육관이 세워지고 있다.

그렇게 실내체육관을 신설을 위해 학교를 방문하고 학부모들과 간담회를 진행하다 보니 학교의 구석구석이 보이고 아이들에게 필요한 것들이 더 잘 보였다.

학생들이 요청하는 냉난방시설과 오래된 창틀과 창문 등 개선이 필요한 부분들을 더 많이 확인할 수 있었고, 학교 시설 개선을 위한 예산을 더 꼼꼼하게 살필 수 있었다.

수내초 실내체육관 '수내드림홀' 개관식

그 결과 아이들이 따뜻하고 시원하게 지낼 수 있는 냉난방시설과 창호 교체, 오래된 화장실과 교실 복도 바닥, 안전을 책임질 소방 설비 등 211건의 시설 개선을 진행하고 필요한 예산을 마련할 수 있었다.

아이들을 위한 투자를 돈으로 환산하는 부분이 말하기 뭐하지만 체육관 설치와 학교 시설 개선에 총 664억 원 규모의 예산이 우리 분당지역 아이들을 위해 쓰이게 되었다.

정책으로 정치를 풀다

02
도서관과 스포츠센터를 유치하다

지난 2016년 총선에서 '수내도서관 건립'을 주요 공약으로 발표했다. 교육·문화·복지의 3대 축이 도시 삶의 질을 결정하는 만큼 어른과 어린이가 함께 쉽게 책을 보고 즐길 수 있도록 지역 국회의원으로서 최선을 다하겠다는 약속이었다.

분당은 서울 강남에 이어 이른바 '교육의 메카'로 불릴 만큼 교육열이 높은 지역이지만 사실 복합적인 시설을 갖춘 다기능 도서관이 턱없이 부족한 곳이다.

그래서 더 가깝게 이용이 가능한 다기능 도서관이 하나만 더 들어서도 주민들의 독서와 문화 생활을 진작하는 데 크게 기여할 것이라고 생각해 총선 공약으로 만들어 도서관 확충에 노력을 기울였다.

그래서 국회의원에 당선되자마자 주민들의 뜻을 모아 '수내공공도서관 추진위원회'를 발족하는 데 힘을 보탰으며, 명예추진위원으로 수내공공도서관 건립에 함께하게 되었다.

(가칭) 수내공공도서관 조감도

처음 추진위원회에서 진행한 발대식에는 인근의 수내초, 당촌초, 수내중, 샛별중, 내정중학교의 학부모와 지역 주민 등이 참여했으며, 이렇게 모인 추진위원들은 수내공공도서관 건립의 당위성을 알리는 토론회, 간담회 등 다양한 활동을 통해 도서관 건립 운동을 진행하였다.

그렇게 주민과 함께 호흡하고 힘을 모은 끝에 수내도서관 건립 계획을 세울 수 있었고, 국비 지원을 이끌어내 건립을 확정지을 수 있었다.

주민들이 막연한 꿈으로만 품어오던 일을, 여론을 일으키고 뜻을

정책으로 정치를 풀다

모아 하나하나 만들었다. 설계가 진행 중인 수내공공도서관은 아이들에게는 문화 놀이터가, 학생들에게는 학습의 장이, 지역 주민들에게는 어울림의 공간이 될 것이다.

생활 스포츠를 즐기면서 건강을 유지하는 것은 애국하는 길이기도 하다. 건강하고 즐거운 삶을 살도록 주변 환경을 잘 만들어야 본인 건강도 유지하고 가족도 편안하며, 나아가 국가가 책임져야 할 건강보험 재정도 건실해지기 때문이다.

시원하게 흐르는 탄천, 곳곳에 자리한 녹지 공원과 소규모 야외 체육시설 덕분에 생활체육을 즐기기 좋은 분당 주민의 건강 나이가 국내 최고라는 사실은 통계기관과 언론을 통해 알려져 있다.

그런데 이러한 분당에 실내운동을 즐기는 생활체육 동호인들이 대회를 개최할 변변한 체육시설 하나가 없다고 하면 다들 믿기지 않는다며 놀란다.

운동을 즐기는 지역 주민을 만나면 으레 크든 작든 요구사항이 있다.

"가까운 곳에서 상시적으로 운동을 할 수 있게 해달라"는 주민의 요구를 반영해 지어지는 수내동 '황새울공원 국민체육센터'가 2020년 준공을 앞두고 있다.

그러나 분당은 생활체육을 즐기는 동호인이 많고 종목 단체가 많아 지금 공사가 진행되고 있는 '황새울공원 국민체육센터' 하나만으로는 생활체육인들이 대회를 치르기에도 수시로 운동을 즐기기에도 부족하다는 점이 아쉬웠다.

나는 뭐든 주민에게 도움이 된다고 생각하면 욕심을 좀 부리는 편이다. 인구 50만의 분당에 체육센터 하나로는 부족하다고 생각해, 분당 남부권 체육센터 유치를 위해 또 뛰었다. 지자체를 찾아 국민체육센터의 유치의 당위성에 대한 설명에 지자체는 분당구는 계획도시라 마땅한 부지가 없다는 이야기만 반복하는 상황이 얼마간 지속되었다.

이렇게 '무작정 지자체만 찾아서는 안 되겠구나' 하는 생각이 들어 국민체육진흥공단의 체육진흥기금을 신청했다. 그렇게 27억 원의 국비를 확보하고 지자체를 찾아가 확보된 국비를 이용해 지자체가 일을 추진할 수 있게 길을 열었다.

그렇게 정자동 금곡공원에 245억 원 규모의 국민체육센터 건립을 확정했다.

이번에 들어서게 되는 금곡공원 국민체육센터는 수영장과 다목

정책으로 정치를 풀다

(가칭) 금곡공원 국민체육센터 배치도

적 체육관, 체력단련실, 주차장, 카페 등의 시설을 두루 갖추고 있어 대회를 개최하는 장소로, 지역 주민들이 편하게 운동할 수 있는 공간으로 설계되고 있다.

이제 분당에 두 개의 국민체육센터가 들어서면 생활체육을 즐기는 동호인들과 주민들은 가까운 곳에서 편하게 운동을 즐기고, 함께 모여 실력을 겨루는 대회도 치를 수 있을 것으로 기대한다.

나도 운동하며 땀흘리는 것을 좋아하기에, 황새울공원과 금곡공원에 체육센터가 완공되면 종종 찾아가 주민들과 함께 운동하는 시간을 소원한다.

03

22개 공원을 새롭게 바꾸다

탄천이 시원하게 흐르고, 탄천 주변과 마을 곳곳에 녹지공원이 많은 분당은 '천당 아래 분당'이라 불리며 가장 살기 좋은 도시로 손꼽힌다.

그러나 세상 모든 것은 시간이 지나면 나이를 먹듯 2010년 이전만 해도 잘 관리되고 그럭저럭 쓸 만했던 공원과 시설물들이 노후화되기 시작했고, 하루가 다르게 낡고 위험해져갔다.

일부 공원은 땅이 파이거나 시설물이 노후화되고, 어린이공원은 아이들의 놀이기구가 안전사고에 노출 되는 문제가 발생했으나, 이전 국회의원 누구 하나 관심을 가지고 리모델링에 나서지 않았다.

그렇게 관리가 잘 안 되다 보니 주민들이 모여 여가를 즐겨야 할 공원이 민원의 대상이 되었다. 특히 집 가까운 곳에 아이들이 이용하는 어린이공원이 있는데 그곳에서 뛰어노는 아이들이 안전사고에 노출되어 있는 것을 보고 신경이 쓰였다.

정책으로 정치를 풀다

국회의원으로 일하다 보니 이러한 사업에 행정안전부장관의 특별교부금을 지원받을 수 있다는 것을 알게 되었고, 행정안부장관을 설득해 예산을 확보했다. 국비를 확보하게 되면 성남시의 부담이 그만큼 줄어드니 시가 공원 리모델링에 쉽게 나서게 하기 위해서였다.

우리 당의 이재명 경기도지사 당선 이후에는 경기도의 특별조정교부금 제도를 통해서 지역의 공원을 새롭게 하는 일이 탄력이 붙었다.

어렵게 확보한 국비와 도비에 시비를 보태 공사가 진행되자 속도

새로 개장한 태현공원 물놀이장

가 났고, 23년 만에 새로운 모습으로 바뀌는 공원들을 지켜보며, '이제 아이들이 안심하고 즐겁게 뛰어놀 수 있겠구나' 생각하니 가슴 뿌듯한 보람이 밀려왔다.

공원 리모델링이 시작되자 이곳저곳에서 마을 공원 리모델링 요청이 쏟아졌고, 설계 과정부터 주민의 의견을 수렴하고 공사의 진척상항을 확인하고 완공까지 세심하게 살피고 있다.

올해 여름 지역 주민을 만나면서 가장 많이 듣는 이야기가 "공원이 깨끗해져 너무 좋다"와 "공원 물놀이장이 너무 잘되어 있어 고맙다"는 말이었다.

비교적 규모가 큰 수내어린이공원은 경로당과 바로 연결되도록 설계되어 어르신들과 아이들이 함께 즐기는 공간이 되었고, 태현공원은 리모델링을 통해 물놀이장을 만들어 여름에 아이들을 동반한 가족들에게 워터파크 못지않은 인기를 누리고 있다.

맹산공원, 머내공원, 벌말공원, 푸른어린이공원, 느티마을어린이공원, 구미어린이공원, 하얀마을어린이공원이 새 단장을 마치고 주민에게 다시 돌아갔고, 넘말어린이공원, 덕봉어린이공원, 큰골어린이공원, 까치마을어린이공원, 샘터어린이공원, 초림어린이공원, 햇빛어린이공원, 느티마을어린이공원과 당골공원, 마루공원, 중앙공

정책으로 정치를 풀다

원, 정자공원, 오리공원, 구미공원이 리모델링 후 주민들에게 돌아갈 예정이다.

임기 동안 지역에 이런저런 사업을 많이 유치했는데, 그 가운데 리모델링 사업을 통해 새로 단장된 공원이 주민들에게는 가장 피부에 와닿는 선물이 아닐까 생각한다. 마을마다 그런 공원들로 인해 우리 주민들이 행복해지기를 바란다.

04

나의 첫 번째 토론,
분당의 도시재생이 필요하다

앞서 말한 대로 분당은 30년 전에 설계된 계획도시다. 특히 공동주택(아파트)이 밀집하여 지어진 곳이라 주택의 노후화가 시차를 두고 찾아오는 것이 아니라 한꺼번에 진행되다 보니, 노후화되는 공동주택의 주거환경 개선에 대한 방법을 찾아야 하는 것이 내게 주어진 큰 숙제 중 하나였다.

30년 전과는 달라진 주민들의 눈높이를 충족시켜야 하기에 리모델링·재건축 등 공동주택의 주거환경 개선을 위한 모든 방법에 대해 전문가의 의견을 듣고 주민의 의견을 수렴하며 방법을 찾아야 했다.

다행인 것은 입주자 대표회의 회장을 지낸 바 있어 분당의 공동주택의 현재 문제와 해결을 위한 실마리가 보였다는 것이고, 문제해결의 실마리를 구체화하기 위해 20대 국회에 처음으로 개최한 토론

정책으로 정치를 풀다

회가 〈노후 공동주택 리모델링 현황과 과제〉였다.

 처음 개최한 토론회에서 많은 이야기를 들을 수 있었고, 전문가들의 발제와 리모델링이 필요한 주민의 의견을 듣고 가장 시급한 부분을 구체화하여 주택법 개정안을 발의했다.

 주택법 개정안에서는 리모델링 주택조합이 리모델링 허가를 받기 위하여 그 리모델링 결의에 찬성하지 않는 자의 주택 및 토지에 대하여는 매도청구권을 행사한 경우에는 사업계획 승인 시 대지의 소유권 확보에 대한 예외를 인정함으로써 현행법상 '허가'와 '사업

계획의 승인' 간 불일치를 해소하고, 리모델링 완료 후 대지 및 건축물에 대한 권리의 확정 등에 관하여는 '도시 및 주거환경정비법'을 준용하도록 하는 등의 규정을 마련함으로서 공동주택 리모델링이 보다 원활하게 추진될 수 있도록 했다.

이 주택법 개정 법안은 국토교통부와 수차례 협의를 거쳐 국토교통위원회의 법안 심사를 통과하고 법제사법위원회 심사를 기다리고 있다.

재건축과 리모델링은 주민들의 합의를 전제로 진행되는 사업인데, 모호한 구석이 많은 관련 법과 제도를 앞서 정비할 필요가 있었다.

수도권에 밀집된 1기, 특히 분당의 경우 개발 연한 도래에 따라 노후한 공동주택 문제와 입주자 고령화라는 이중고에 직면하게 되었다. 이는 〈수도권 노후 택지지구 리노베이션 정책 세미나〉에서 다뤘던 문제다.

지금 분당은 1기 신도시를 대표해 '도시재생을 어떻게 진행해야 하는가' 하는 시험대에 올라 있다. 도시가 만들어진 지 30년이 지났고, 그것도 대단위로 개발되어 도시재생을 진행할 때 현 거주자의 이주 관련 문제, 부동산의 가격 문제 등 미래 문제를 풀기 위해 더 자주 머리를 맞대고 논의해야 한다.

이런 노력과 성과를 인정한 전국공동주택리모델링연합회와 주민들이 내게 감사패를 수여했다. 국회의원으로서 당연히 할 일을 했을 뿐인데 감사패까지 받고 보니 오히려 내가 감사할 따름이다.

분당을 비롯한 일산, 평촌, 중동, 산본 5개의 1기 신도시는 1990년대 기술력으로는 최고 수준의 아파트로 꼽혔지만, 2019년 기준 30년 가까운 시간이 지나면서 주택의 노후화, 구식의 평면구조, 지하주차장의 부재 등으로 인한 주거만족도의 하락과 1기 신도시 건설 이후 주변지역의 개발과 차량 증가 등으로 인한 교통정체로 인해 많은 문제점을 나타내고 있다.

1기 신도시의 노후화에 선제적으로 대응해 거주자 삶의 질과 미래 세대를 위한 정책적 방안을 마련하고, 대규모 신도시 재생 마스터플랜 수립을 위한 리모델링 특별지원법을 준비하고 있고 앞으로 관계부처와 계속 협의해 나갈 계획이다.

이 땅의 가난한 백성으로서
그래도 나는 할 말은 해야겠다.
아들아, 행여 가난에 주눅 들지 말고
미운 놈 미워할 줄 알고
부디 네 불행을 운명으로 알지 마라.
가난하고 떳떳하게 사는 이웃과
네가 언제나 한 몸임을 잊지 말고
그들이 네 나라임을 잊지 말아라.
아직도 돌을 들고
피 흘리는 내 아들아

_ 청년 시절 가슴에 담아 새겼던 애송시,
정희성의 〈아버님 말씀〉 중에서

4

치열했던 내 젊은 날

01

젊은 날의 열정과 고뇌

"내 고향 산청은 산자수려했지만 궁핍했다"

내 고향 산청(山淸)은 지리산 동쪽 자락의 깊은 산골로, 물은 맑고 산은 푸르기가 그지없지만 우리 집을 비롯해 대부분의 살림은 말할 수 없이 궁핍했다. 산청은 도드라진 역사 인물을 품고 있기도 하고, 불행한 현대사를 상처로 새기고 있기도 하다.

중국에서 몰래 목화씨를 들여와 고려에 의복 혁명을 일으킨 문익점 선생이 산청 출신으로, 묘소가 신안면에 있다. 조선의 의학을 동양 최고의 반열에 올려놓은 의성(醫聖) 허준 선생이 일찍이 양촌(강서구)에서 옮겨와 살면서 의술을 배웠다고 알려진 곳이 산음현(山陰縣)인데, 바로 산청의 옛 이름이다. 그런가 하면 한국전쟁 중인 1951년 2월 7일에 지리산 공비에 협력했다는 혐의를 씌워 국군이 민간인 700여 명을 무차별 학살한 '산청·함양 양민학살 사건'이라는 아

정책으로 정치를 풀다

픈 현대사를 안고 있기도 하다.

내가 태어난 곳은 산청에서도 '약초고을'로 알려진 생초면 신연리다.

초등학교 입학 즈음, 시골이 고향이지만 땅 한 평 없는 소작농으로서 생계의 어려움을 극복하고자 일자리가 많은 부산으로 이사를 와 부산에서 초·중·고교를 마쳤다.

"가난이 나를 일찍 철들게 했다"

나는 학교에서 집으로 가는 길만 알았지 다른 길은 알지도 못하고 관심도 없던 '범생이'로, 변변한 취미도 없을뿐더러 친구들과 잘 어울리지도 않았다. 집안 형편이 넉넉지 못해 유치원은 물론이고 그 흔한 학원 하나 다니지 못했으니, 정규 학교 외에는 다른 교육을 받을 기회가 없었다. 대학시절까지 한 번도 사교육을 경험하지 못했다.

초등학교 때부터 학교 성적은 줄곧 전교 상위권을 지켰지만 학원 다니는 친구들이 부러웠는데 부모님 속상해할까봐 내색은 하지 못했다. 당시에는 담임선생님이 가정방문을 오면 촌지든 뭐든 성의 표시를 해야 했는데, 우리 집은 그럴 형편이 못 되어서 집에다는 애기도 안 하고 내 요량으로 이 핑계 저 핑계 대서 가정방문을 회피했다. 심지어는 반장이나 회장 자리도 극구 회피했다. 학생 임원이 되면 물질로 학교에 기여를 해야 했기 때문이다. 그런 초·중학교 시절을 보내고 고등학교 가서도 공부에만 매달렸다. 어린 나이에도 집안을 이끌어야 한다는 장남의 책임감이 그렇게 만들었다.

그런 집안 형편 때문에 대학도 4년 장학금을 주는 곳으로 진학했다. 그때는 대학 서열이 지금보다 더 분명해서 다들 서울대, 좀 넓히면 SKY에 진학하는 것이 꿈이었다. 나도 내심 서울대 진학을 바랐지만 결국 한양대학교 법대 '4년 장학생' 진학으로 집안의 시름을 덜었다.

대입 학력고사가 끝나고 친구들에게 이끌리다시피 해서 남포동 제과점에서 미팅을 한 것이 이성과의 첫 만남이었으니, 돌아보면 참 메마른 청춘을 보냈다.

"암울한 80년대, 나 역시 시대의 아프을 함께 했다"

1984년 3월, 입학해서 본 대학은 낭만과는 거리가 멀었다. 유신정권이 무너지면서 끝난 줄 알았던 군부독재 시대가 전두환의 쿠데

타로 연장된 가운데 경찰이 상주하면서 학생들을 잡아가는 대학은 살풍경했다. 청년학생들의 민주화 투쟁과 학원 자율화 투쟁도 점점 뜨거워져갔다. 나 역시 피 끓는 청춘이라 뭘 해도 마음은 늘 콩밭에 가 있었으니 도무지 공부에 집중할 수가 없었다.

하지만 4년 장학생으로 등록금을 면제받기 위해서는 반드시 B 학점은 사수해야 했으므로 어떻게든 강의 출석부에 이름은 올렸고, 시험도 벼락치기로 때워나갔다.

그런 중에도 나는 교내 방송국 기자 시험에 붙어 보도기자로 활동했다. 그때 부산 사투리를 교정하느라 애를 먹었지만 재미나기도 했다. 당시의 학내 방송국과 신문사는 학교 당국의 철저한 통제 아래 있었다. 실은 군사정권의 통제 아래 있었던 것이다.

한번은 4·19를 맞아 선배들이 4·19의 역사적 진실을 알리는 내용과 4·19를 기리는 노래를 기습적으로 내보냈다. 학교 당국은 즉각 방송을 끊어버렸다. 이런 숨바꼭질이 학교마다 벌어지곤 하던 시절이었다.

나는 이왕 학생운동을 하는 김에 제대로 해야겠다 싶어 과대표를 거쳐 3학년 때는 법대학생회 부회장까지 했다. 그런데 과대표 당선이 극적이었다. 출마는 했는데 과에 아는 친구 하나 없는 것이다. 데모하느라 바빠 과에 얼굴을 내밀지 않았으니, 그럴 만도 했다. 반면에 상대 후보는 과에 충실해서 다들 친하게 지냈으니 이대로 가면 선거 결과는 불을 보듯 훤했다.

그래서 나는 뭐라도 해야 했다. 궁리 끝에 평소에 즐겨 암송하던 정희성의 시 〈아버님 말씀〉을 읊어서 친구들 마음을 움직이기로 했다. 과대표 선거는 자연히 비운동권 대 운동권의 대결 양상을 띠었는데, 이 시를 듣고 과 친구들이 운동권 후보인 나한테 부채의식을 갖게 된 것인지, 대세를 뒤집고 나를 뽑아준 것이다.

그런데 정작 부모님은 내가 이러고 다니는 줄은 꿈에도 생각지 못하고, 고시 공부에 열중하고 있는 줄만 알았다. 그러던 3학년 2학기 어느 날, 부산의 어머니가 "급히 내려오라"는 전화를 했다. 영문을 알아보니 법대 학장님이 나의 시위 주동 사진을 어머니한테 보내준 것이었다. 가짜 고시생의 정체를 들킨 나는 부모님 뵐 면목이 없었다.

부모님의 설득은 간곡해서 차마 거역할 수가 없었다. 결국 고시반에 들어갔지만 사법고시를 준비하기에는 남은 기간이 짧아 행정고시를 겨냥했다. 중간 평가시험 점수도 잘 나오곤 해서 점차 자신감이 붙어갔다.

그러던 중 뭐에 씌었는지, 학교 식당에서 밥 먹다 말고 문득 그날이 4·19라는 걸 알고는 후배와 함께 4·19묘지로 달려갔다. 참배를

정책으로 정치를 풀다

마치고 나오는 순간 경찰이 '지랄탄'을 마구 발사하는 바람에 4·19 묘지 앞 일대는 아수라장이 되었다. 우린 우왕좌왕하다가 막다른 골목으로 몰려 경찰의 곤봉 세례를 받은 끝에 경찰서 유치장으로 끌려가고 말았다. 두 달 뒤에 있을 행정고시 1차 시험은 어쩌나 걱정되던지 한편 함께 끌려간 후배한테는 미안했다.

유치장에 갇힌 지 이틀쯤 지났을까, 고시반 담당 교수님이 찾아와 경찰에 대신 사과하고는 "이게 마지막"이라며 우리를 빼내 학교로 데려갔다.

하지만 고시반 면학 분위기를 해친다는 이유로 강제 퇴실을 당한 나는 여기저기 전전하느라 도무지 공부에 집중할 수가 없었다. 그리고 그해 6월항쟁이 시작되었다. 책을 보고 있지만 내 귀에는 "호헌철폐, 독재타도"라는 구호가 환청처럼 생기는 바람에 공부를 포기했나.

졸업 즈음 후배들에게 무언가를 남겨놓고 싶었다. 사회에 관심을 갖고 사회 참여를 하는 학생과 고시 공부에만 몰두하는 학생 모두가 서로 이해하면서 학창시절을 보냈으면 하는 바람이 컸다. 당시 서로가 이분법적으로 상대를 나눴다. 서로를 개인만 아는 이기주의자와 데모만 하는 '꾼'으로 몰아가는 분위기를 바꾸고 싶었다.

학교생활을 두어 달 남긴 시점에 '법사회연구회'라는 동아리를 결성했다. 그런데 멤버가 남학생 일색이어서, 법학과가 있는 몇몇 여대에 연합 동아리를 제안했다. 마침 숙명여대 법학과에서 연락이 와 연합 동아리를 꾸렸는데, 그때 한눈에 들어온 여학생이 지금의 내 아내다. 연합 동아리 활동은 그리 오래 가지 못했지만 그녀는 계속 내 곁에 남았으니, 아마도 그녀를 만날 인연으로 잠시나마 연합 동아리로 엮였나 싶다.

"노조활동을 넘어 시민운동가로 서다"

쌍용에 이어 두 번째로 입사한 회사가 여의도 증권가에 있는 한국증권업협회였다. 처음 가서 본 여의도 증권가 풍경은 낯설었다. 어느 외국의 금융가에 와 있는 느낌이었다. 그때는 종합주가지수가 사상 처음으로 1,000포인트를 넘기는 등 증권시장은 풍성했다. 돈이 가을 낙엽처럼 거리에 넘쳐났으니까.

나는 그렇게 자본주의의 첨단에서 직장생활을 하면서 다행히 그런 길로는 빠지지 않았다. 학생운동을 한 정신이 발휘되었을까. 노조활동을 열심히 해서 노조위원장까지 하는 등 말짱히 깨어 있었다.

나는 이 무렵에 숙명여대에서 만난 그녀와 결혼해서 구로구 시흥동의 자그마한 다세대주택에 세를 들어 신혼살림을 차렸다. 객지

생활 9년 만에 튼 따뜻한 보금자리였다. 비록 좁고 불편한 점이 적잖았지만 더 없이 행복한 때였다.

그런데 아내한테는 내내 미안한 시절이기도 했다. 노조위원장으로 활동하는 때라서 거의 매일 귀가가 늦었고 외박도 잦았다. 노조위원장 활동뿐 아니라 대학원 공부에 경실련 활동까지 겹쳤으니, 늦게라도 집에 들어가는 것이 신통하게 여겨질 정도로 정신없이 살았다.

그래서 '달콤한 신혼'은 머나먼 내일의 숙제가 되어버렸다. 20여 년이 훌쩍 지난 지금까지도 그때 못지않게 바쁘니 아내한테 늘 미안한 인생을 살고 있다. 그래도 그때 미안함을 조금이나마 면피한 일이 뿌듯한 추억으로 남아 있다.

아내가 큰애를 가졌을 때 물만 먹어도 토할 정도로 입덧이 극심했나. 그래서 병원에서 수액을 맞아가며 하루하루 겨우 버텼다. 그러던 어느 겨울밤에 아내가 문득 시원한 물냉면을 먹고 싶다고 했다. 그 겨울 늦은 밤에 냉면이라니, 당황스러웠지만 아내의 수척해진 모습을 보노라면 달이라도 따와야 할 판이었다.

시흥동 밤거리를 거의 다 뒤진 끝에 기어코 냉면 파는 집을 찾아내서 얼음이 동동 뜬 물냉면을 아내 앞에 대령했다. 아내는 국물까지 말끔하게 비워냈다. 나 스스로가 대견하고 그 순간이 감격스러워서 하마터면 울 뻔했다. 그렇게 냉면의 힘으로 태어난 큰애는 판에 박은 듯 나를 빼닮았다. 둘째는 아내를 많이 닮았는데, 첫째가 워낙 힘들어서 그런지 둘째는 좀 수월했다.

두 아름다운 정치인을 만난 노조위원장 시절

나는 한국증권업협회에서 노조활동을 하면서 무엇보다 직장 민주화운동에 관심을 기울였다. 이왕 활동하는 거 제대로 해야겠다싶어 입사 3년차의 '햇병아리'가 노조위원장에 출마하여 입사 6년차 선배를 제치고 당선되었다.

나는 우리 노동조합의 부조리한 관례를 타파하여 면모를 일신하는 한편 조합원들의 시민의식을 고취하기 위해 본보기가 될 만한 분들을 초청하여 강연회를 열었다. 특히 당시 민주당 최고위원이던 노무현, 김근태 두 분을 모신 강연회가 기억에 남는다. 그때 강연이 끝나고 인근 한양증권 건물 지하식당에서 삼겹살에 소주를 나눴던 추억이 새롭다. 이제 정치인이 되어서 보니, 고인이 된 두 분이 더욱 그립고 존경하는 마음이 사무친다.

영화 〈노무현입니다〉에서 유시민 작가가 두 분을 평하는 대목이 나오는데, 공감이 간다.

정책으로 정치를 풀다

"김근태 의장이 존경스러웠던 분이라면 노무현 대통령은 사랑스러운 분이었어요. 김근태 의장이 따라 배우고 싶은 분이었다면 노무현 대통령은 뭔가를 해주고 싶은 분이었어요."

우리는 노조의 선전활동으로 다달이 노보(勞報)를 만들어 배포했다. 그때 조합원들이 크게 고생했다. 거의 매주 편집회의를 열고 지속적으로 기사를 발굴하느라 다들 녹초가 될 지경이었다. 그런 덕분에 노동자신문과 사무금융노련으로부터 우수 노보상을 받았을 때는 뿌듯했다.

나는 이때 경실련 활동과 더불어 고려대 경영대학원에서 석사과정을 밟고 있었는데, 회사 일도 무척 바쁜 때였다. 정부가 벤처기업을 적극 육성하고자 미국의 나스닥 시장을 벤치마킹하여 코스닥 시장을 만들려던 때였다. 나는 이때 우리 회사에 신설된 코스닥 관리부 공시과장이 되면서 해외출장이 잦아지고 더욱 바빠졌다. 1인 4역을 하는 가운데서도 정말 열심히 일했다.

학생운동과는 다른 차원의 시민운동

직장생활을 하면서 겪은 우리 사회는 대학생활을 하면서 인식했던 모습과는 사뭇 달랐다. 그렇게 단순하지 않았다. 당시 부동산 투기로 아파트 값이 턱없이 폭등한 것도 한 예다. 대학생 시절의 단순한 투쟁 논리로는 미칠 수 없는 면이 너무 많았다. 이상처럼 현실은 그리 녹록지 않았던 것이다.

그러던 중에 마침 한 신생 시민운동 조직에 관한 기사가 관심을 끌었다. "타도!"만 외치는 투쟁일변도의 운동 방식에서 벗어나 실사구시(實事求是)의 정신으로 우리 사회의 병폐를 실질적으로 바로잡는다는 취지에 크게 공감했다.

그날로 바로 찾아갔다. 종로 YMCA 건물에 있는 경제정의시민실천연합(이하 '경실련')이었다. 서경석 목사, 박병옥 간사와 면담을 하고는 바로 회원으로 가입했다. 경제 정의 실현의 사명으로 창립한 경실련은 정부 정책을 비판하는 데 그치지 않고 구체적인 대안을 제시하는 생산적인 시민 조직이었다.

당시 경실련은 토지공개념 도입과 금융실명제 실시 촉구에 온힘을 집중하고 있었다. 우리 청년회원들은 퇴근 후에 홍보 전단지를 가슴에 안고 온 시내를 누비면서 선전 활동을 벌였다. 주말에는 광명시 회원들과 열심히 거리를 누볐다.

누구보다 열성적으로 활동한 덕분이었는지 나는 이윽고 상임집행위원회(경실련 최고의사결정기구) 상임집행위원으로 선임되었고, 이어서 초대 청년회장에까지 선출되었다. 상임집행위원은 대부분

연변에서 김홍신 작가와 함께

교수, 변호사, 회계사 같은 전문가들이었고, 신출내기 직장인은 내가 유일했다. 열성적인 활동을 인정받았던 것 같다.

경실련은 경제 정의 실현 사업 외에도 환태평양 한민족 경제공통체인 '한민족 동북아경제공동체' 건설하는 사업을 진행하고 있었다. 이와 관련하여 중국 연변에서 열린 회의에 참석해야 하는데, 이때는 중국이 비수교국이어서 제3국을 거쳐 멀리 돌아가야 했다. 이때 함께한 일행이 강만길 교수, 서경석 목사, 김홍신 작가, 신형원 가수 등이었다.

우리는 단동 지역을 중심으로 현지 답사를 마치고 백두산에 올랐다. 당시엔 연변에 공항이 없어서 버스로 20시간을 가야 했시만 백두산 천지를 본다는 생각에 들떠서 그런 건 개의치 않았다. 마침 우리가 천지에 오른 날은 구름 한 점 없이 쾌청해서 백두산의 진면목을 볼 수 있었다. 행운이었다.

02

마침내 정치 속으로,
"그럼에도 불구하고 정치가 답이다"

"정치에서 답을 구하러 나서다"

본격적인 정치활동에 이르기 전에 노무현 후보를 지키자는 운동에도 참여했던 경험을 뒤로 하고, 한동안 사업과 강의에 몰두했다. 그런데 한 번 지어진 운명은 피할 수 없는 것인지, 분당 지역구가 사고 지역구가 되면서, 지역위원장을 맡아달라는 권유가 빗발쳤다. 특히 이재명 성남시장 후보의 주문이 워낙 강해서 다시 정치 일선에 나서기로 했다. 당시에는 열린우리당이 민주당(당명 변화가 복잡하지만 모두 민주당으로 호칭)으로 통합된 상태여서 민주당 분당을 지역위원장으로서 본격적인 정치에 나선 것이다. 쉽지 않은 결정이었다. 그때만 해도 분당은 서울 강남 못지않게 보수당 지지세가 강한 지역이라서 민주당 후보는 명함을 내밀기도 쉽지 않았다.

정책으로 정치를 풀다

분당을 당원들과 함께 봉하마을 참배

이때는 노무현 전 대통령 서거 1주기 무렵이었다. 나는 지역 당원들과 함께 봉하마을 묘소에 참배하며 고인의 뜻을 이어받아 좋은 정치를 할 것을 다짐했다. 그날 비가 내렸는데, 눈물도 함께 내렸다.

그런 가운데 2010년 6월 2일의 지방선거에 민주당 성남시장 후보로 출마한 이재명 후보의 선거대책위원장까지 맡아 분전했다. 결국 8년 만에 한나라당 후보를 꺾고 지방정권을 찾아온 쾌거는 지역위원장인 내게도 좋은 조짐이었다.

그런데 분당을 국회의원이던 한나라당 임태희 의원이 청와대

2011년 4·27 재보궐선거 출마 기자회견

비서실장으로 들어가면서 분당을 지역구는 10월 재보궐 선거를 치르게 되었다. 하지만 국회의원 사퇴서를 일부러 늦게 수리하는 꼼수를 부리는 바람에 분당을 선거는 2011년 4월 재보궐선거로 넘어갔다.

후보 등록을 앞둔 1월 11일에 출마 기자회견을 가진 나는 지역구를 혼자 돌며 얼굴을 알리는 한편 전화와 이메일을 활용하여 인지도를 올리는 데 몰두했다. 공식 선거운동 기간 전이라 운신의 폭이 좁았지만 본격적인 선거운동에 대비하여 만반의 준비를 갖춰갔다. 이때 조정식 사무국장의 고생이 많았다. 고맙고도 미안했다, 미안한 이유는 따로 있다.

정책으로 정치를 풀다

당시 민주당 손학규 대표가 당의 명운을 걸고 4·27 재보궐선거에서 분당을에 출마해야 한다는 당 안팎의 여론이 점차 비등했다. 나는 대의를 위해 선당후사(先黨後私)의 정신으로 다시 한 번 나를 버리기로 작정했다. 4·27재보궐선거를 눈앞에 둔 3월 24일, 지역당원들의 뜻을 모아내어 국회 정론회관에서 기자회견을 열고 손학규 대표의 분당을 출마를 촉구했다. 해당 지역구 후보가 먼저 양보하고 나서서 가진 기자회견이라 반향이 컸다. 손학규 대표에게 출마 명분을 크게 실어준 셈이다. 하지만 내 선거운동에 열성을 바친 사무국장을 비롯해 여러 분들에게는 참 미안한 일이었다.

결국 손 대표가 출마하게 되었고, 나는 선거운동을 진두지휘하면서 나 자신이 출마한 것보다 더 열심히 뛰었다. 마침내 승리했다. 기뻤다. 비록 내가 주인공이 되지는 못했지만 우리 정치의 희망을 봤으니, 그때는 그것으로 충분했다.

다음번 선거가 아니라 다음 세대의 일을 생각했다

미국의 신학자 제임스 클라크는 "정치꾼은 다음번 선거를 생각하고, 정치가는 다음 세대의 일을 생각한다"(A politician thinks of the next election. A statesman, of the next generation)는 유명한 말을 남겼다.

나는 크고 작은 모든 선거에 임하면서 클라크가 염려하는 '정치꾼'이 되지 않기 위해, 무엇이 표를 얻는 데 유리할까를 따지기 전에 무엇이 진정으로 국민에게 필요할까를 먼저 생각하고, 그것을 정책으로 발전시켜 공약으로 내걸었다.

성공한 실패, 그리고 새로운 시작

2012년 제19대 국회의원 선거에서 나는 열심히 뛰었지만 새누리당 전하진 후보에 밀려 낙선했다. 집권여당인 새누리당이 수도권에서도 크게 선전하며 과반을 차지하는 압승을 거두는 분위기 가운데서도 나는 험지라고 불리는 분당에서 43%가 넘는 득표를 했다. 비록 졌지만 표 차이는 9,424표에 불과해서 희망을 보았다. 끝이 아니라 이 '성공한 실패'가 나의 새로운 시작이었다.

나는 4년을 더 기다려야 했지만, 그 4년을 기다림의 시간이 아니라 나를 성장시키는 시간으로 삼았다. 시민들에게 더 낮은 자세로 더 가까이 다가갔다. 공약을 더욱 세심하게 다듬고 보강하면서 와신상담했다.

정책으로 정치를 풀다

풀뿌리 민주주의의 저력으로 승리하다

2016년 2월 15일, 성남시의회에서 가진 출마 선언 기자회견에서 나는 먼저 "세비 50% 기부"를 공약으로 내걸었다. "말뿐인 공약(空約)이 되지 않기 위해 주민들로부터 세비 기부처를 공모하고 있으며, 기부처가 정해지는 대로 약정서를 체결하겠다"는 구체적인 기부 계획까지 밝혔다.

나는 또 무엇보다 국회의원의 기득권을 내려놓는 공약을 제시하여 시민의 호응을 얻었다. 그것은 지금껏 어느 국회의원 누구도 입에 올리지 않았던 사항이지만 반드시 필요한 일이었다. "국민이 진정한 주인이 되려면 국회의원도 국민투표를 통해 소환할 수 있어야 한다"라며 '국회의원 국민소환제'를 도입하겠다고 공약했다.

니의 이런 공약 배경에는 "우리나라의 모든 영역 가운데 정치 분야가 가장 무능하고 부패한 까닭에 정치인으로서 철저하게 자기반성을 행하는 실천적 태도"가 있으며, "국민의 신뢰를 얻기 위해 나부터 철저하게 바뀔 것"이라는 다짐이 있었다.

그럼에도 불구하고 나는 여론조사 공표 기간 내내 새누리당 전하진 후보에게 밀렸다. 그러나 투표가 끝나고 막상 뚜껑을 열자 '이변'이 일어났다. 40%에 가까운 득표율로 30.96% 득표율에 그친 전하진 후보를 누르고 승리한 것이다. 내가 19대 총선에서 모자랐던 표만큼 이겼다.

여론조사가 가장 크게 빗나간 지역구로, 험지에서의 나의 쾌거는 언론의 집중 조명을 받았다. 새누리당 임태희 후보가 공천 탈락에 불복하여 무소속으로 출마함으로써 보수층의 표를 분산시킨 (18.81%) 덕분이라는 분석도 있지만, 다른 진보 후보 2명이 진보층의 표를 분산시킨(10.35%) 것을 감안하면 양자 대결을 했더라도 승산이 컸다.

분당에서 나와 김병관 후보(분당 갑)가 동반 당선한 '사건'은 민주당에 적잖은 정치적 승리를 가져다주었다.

분당뿐만이 아니었다. 전통적으로 '보수당의 텃밭'이라 불리던 지역에서 많은 이변이 일어났다. 서울의 이른바 '강남 3구' 세 곳에서 민주당 후보가 승리했고, 무엇보다도 보수당의 정치적 거점인 대구에서 김부겸, 홍의락 두 후보가 당선되어 일대 파란을 일으켰으며, 부산에서도 17석 중 5석을 차지하는 등 민주당은 전국적인 승리를 거뒀다. 새누리당 정권의 실정을 국민이 심판한 것이다.

　　　　　　　　　　　　　　　정책으로 정치를 풀다

돌아보니 한 일도 많지만
아직 할 일이 더 많이 남은
초선 국회의원의 활동

이렇게 의정 활동과 지역구 활동을 세세하게 밝힌 책을 낸 것은
자기 자랑이나 하려는 뜻이 아니다. 한 사람의 국회의원이 본연의
역할을 다하고자 진심으로 노력하면 얼마나 중요하고도 많은 변화
를 이룰 수 있는지 실증으로 보여주고자 하는 뜻이다.

사람들이 술자리에서 흔히 "정치가 밥 먹여주느냐. 신경 *끄라*"고
들 하는데, 정치야말로 밥 먹여주는 가장 중요한 수단이라는 것을
직접 보여주고 싶어서 열심히 일했고, 이렇게 책으로 엮었다.

내게 의정 2기의 기회가 주어진다면 주력하고 싶은 두 가지 과제
가 있다. 물론 이번 임기에서도 밑그림을 그리며 준비해온 과제이
기도 하다.

하나는, 권력구조 개편을 통한 협치(協治)의 정착이다. 극단적인 이분의 셈법이 지배하는 지금의 정치체계로는 국민을 위한 정치를 펴기가 어렵다. 대치와 반목의 악순환만 되풀이할 뿐 협치를 통한 변화를 기대하기는 요원하다.

국회의원 소환제법 도입과 같은 견제장치와, '일하는 국회'의 정착을 통해 국민의 신뢰를 얻는 바탕 위에서 국회의 기능을 강화하고 위상을 높이는 것이 필요하다. 그렇게 하여 대통령을 수반으로 하는 행정부와 국회의장을 수반으로 하는 입법부가 힘의 균형을 맞추게 되면 명실공히 책임과 권한이 상부하게 됨으로써 좀 더 체계적이고 생산적인 국정 운영이 가능하게 될 것이다.

또 하나는 저성장 시대에 맞는 기업 환경과 규제 체제를 정비하는 것이다. 지금의 경제 환경을 둘러싼 제도는 거의 고성장 시대에 만들어진 것들이다. 우리 경제는 이미 저성장 시대로 접어들었고 이 기조는 상당기간 지속될 것으로 예상된다. 저금리 기조도 당분간 계속될 것이다. 저금리 저성장 시대에 부응하는 새로운 경제 질서를 깊이 있게 고민해야 할 시점이다.

더욱 나쁜 것은, 저성장 기조에 따른 제도와 정책 시급한 변화를 제때에 이루지 못하게 되어 글로벌 경쟁에서 밀려나 복지국가 실현

정책으로 정치를 풀다

의 길이 점점 더 멀어질 수 있다는 것이다.

여담이지만, 박항서 감독이 베트남의 축구 영웅으로 뜬 것은 운이 아니다. 가만 보면 그는 자기 일에 모든 것을 쏟아 붓는다. 가히 열정의 화신이다. 공교롭게도 그의 고향 산청 생초면이 내가 태어난 곳이다.

나는 박항서 감독을 보면서 정치인으로서 나를 새삼 돌아본다. 제우스가 감춘 불을 프로메테우스가 훔쳐와 세상에 돌려주었듯이, 내게 부족한 열정이 있다면 그에게서 훔쳐와 국회에 대한 신뢰를 국민에게 돌려주고 싶다. 그럴 수만 있다면 어떤 벌이라도 달게 받겠다.

김병욱이 이 자리에 있기까지 지지하고 도와주신 모든 분들께 고마운 마음을 전한다.

부 록

김병욱 의원의 백 번의 토론회

"한국원격대학교육협의회법" 제정을 위한 공청회

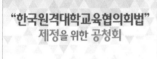

2016년 12월 12일(월) 14:00

▶ 장　　소 : 국회의원회관 제1소회의실
▶ 공동주최 : 국회의원 설훈, 강민기, 김병욱, 송기석
▶ 주　　관 : (사) 한국원격대학협의회

▶ 1부
▪사　회 : 김화지 교수(시경서울문화예술대)
▪환영사
▪인사말
▪축　사

▶ 2부
▪좌　장 : 신이철 교수(한양사이버대)
▪집필자(발제) : 김은기 교수(숭실사이버대)
▪토론자
　▷ 구정심 과장(교육부 이러닝과)
　▷ 임해룡 교수(한국방송통신대 원격연구소장)
　▷ 이혁노 박사(국회입법조사처)
　▷ 우제일 대표(유웨이닷컴)
　▷ 정남현 부장(한국교육학술정보원)

문의 : 김병욱 의원실 02-784-3670

[연속토론] 촛불민심 그 후... 새로운 미래를 꿈꾸다
1. 경제 ① 탄핵 이후, 한국경제 개혁방안

탄핵 이후, 한국경제 개혁방안

2016.12.19(월) 오전 7:30
국회의원회관 제2세미나실

개회강연 :
주제발표 :
토　론 :
사　회 :

주관
주최

김부겸 국회의원 초청 국회토론회

"미완의 촛불 시민혁명 어떻게 완결할 것인가"

┃일시┃ 2017년 1월 11일 (수) 오전 10시
┃장소┃ 국회의원회관 제1소회의실

┃초청패널 명단┃

┃주관┃ (가)경제민주화와 제등의 대통령의 국책을 위한 의원모임
┃주최┃ 더불어민주당 국회의원 77인
┃문의┃ 김부겸 의원실(02-784-6084), 김병욱 의원실(02-784-3670)

정책토론회 : 여가 활성화, 잃어버린 1학일을 찾아서 1

연차 휴가 100% 사용

정부의 역할 : 일본의 사례와 시사점

발표 │ 일본 정부의 휴가정책 사례와 시사점
　　　 조아라 부연구위원 (한국문화관광연구원)

토론 │ 유일호 과장 (대한상공회의소)
　　　 김유선 선임연구위원 (한국노동사회연구소)
　　　 허태균 한국여가문화학회 회장 (고려대 교수)

시간 │ 2017년 2월 27일 월요일 14:00
장소 │ 국회의원회관 제4간담회실

주최 │ 국회의원 김병욱
더불어민주당, 성남시 분당을 T. 02-784-3670~2

제 1 차
소상공인 경쟁력강화 포럼

2017. 3. 15

KFME 소상공인연합회

장애인 최저임금 도입을 위한 토론회

일시
2017년 4월 4일 (화) 오후 2시

장소
국회도서관 대강당 (지하 1층)

공동주최
한국장애인단체총연맹
한국장애인단체연합회
한국장애인고용안정협회
한국장애인직업재활시설협회

주관 국회의원 김병욱

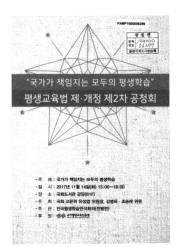

국회의원 **김병욱** 정책토론회

깨끗한 학교 실내공기 마련을 위한 정책토론회

- 일시 : '18. 2. 20(화) 13:30~16:00
- 장소 : 국회도서관 소회의실

1부 발제 및 주제발표
초등학교 공기정화장치 등 효율성 평가검증 발표
(김차성 포항명) 교수)

학교 교실 내 미세먼지 유지관리기준 제고
(연구재과 정광환) 교수)

학교 실내공기질 관리 체제 사례 및 관리효과 개선방안
(한국건설기술연구원 이윤규 박사)

2부 패널토의 및 질의응답

주최 : 국회의원 김병욱 ┃ 주관 : 교육부 ┃ 후원 : 한국실내환경학회
문의 : 김병욱 의원실 (02-784-3670)

국회의원 **김병욱** 교육토론회

학생부 종합전형
어떻게 준비해야 하나?

3차 토론회

일시 : 2018년 2월 21일 오후 1시 30분 ┃ 장소 : 국립국제교육원 대강당

건국대, 단국대, 한양대 입학사정관 참여

참가신청 : http://naver.me/5b4RhWGC

문의 031-711-3397

※ 주차공간이 협소한 관계로 대중교통을 이용해 주시기 바랍니다

┃ 주최 ┃ 국회의원 김병욱 ┃ 후원 ┃ 교육부 · 대교협

공공산후조리,
일하며
아이 키우기 행복한
대한민국 정책토론회

2018.3.5 (월) 오전10시 국회의원회관 제9간담회실

좌   장 : 국회의원 남인순 (국회 여성가족위원회 위원장)
발   제 : 김라경 교수 (광주대 사회복지전문대학원)
사례발표 : 장안미 (성남시민)
지정토론 : 조상실 대표 (엄지하는 엄마들)
          소정엽 협심과장 (베이비뉴스)
          김산명 교수 (한양사이버대 실버산업학과)
          조현준 전문위원 (더불어민주당 정책위원회)
          배경택 과장 (보건복지부 출산정책과)

공동주최 (더불어민주당 국회의원 57명)

주관 국회의원 남인순   후원 ★성남시

청소년
비행 대응 과정
무엇이
문제인가?

수사과정 및 학복위 절차,
소년법 개정을 중심으로

2018. 3. 21.(수) 오후 2시 ┃ 국회의원회관 제9간담회의실

주최 : 강상희 의원, 금태섭 의원, 김병욱 의원
주관 : 부천시 청소년법률지원센터, 인구정책과생활정치를위한의원모임

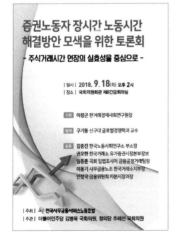

Efforts to Reduce Particulate Matter in Urban Area

도시 내 미세먼지 저감을 위한
국회 전문가 세미나

■ 일 시 : 2018년 5월 2일 (수) 10:00 ~ 12:00
■ 장 소 : 국회의원회관 제1세미나실
■ 주 최 : 국회의원 권칠승, 국회의원 김병욱
■ 주 관 : 녹색구매연구기원

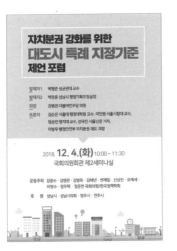

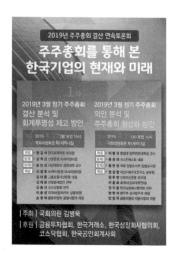

214

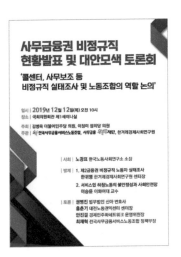

삶을 업그레이드하는 더 나은 삶 모아북스의 정치·경제 도서

박준희의 관악정담

박준희 지음
216쪽 | 15,000원

정치적 상상력

맹진영 지음
248쪽 | 15,000원

모자씌우기 1, 2

오동선 지음
각 452쪽 | 13,000원   431쪽 | 13,000원

동맹의 그늘

오동선 지음
544쪽 | 15,000원

4차 산업혁명의 패러다임

장성철 지음
248쪽 ㅣ 15,000원

백년기업 성장의 비결

문승렬·장제훈 지음
268쪽 ㅣ 15,000원

독한시간

최보기 지음
244쪽 ㅣ 13,800원

독서로 말하라

노충덕 지음
240쪽 ㅣ 14,000원

초선의원 백 번의 토론회

정책으로 정치를 풀다

초판 1쇄 인쇄	2019년 12월 27일
1쇄 발행	2020년 01월 02일

지은이	김병욱
발행인	이용길
발행처	모아북스 MOABOOKS

출판 총괄	정윤상
경영 실무	박윤배
관리	양성인
디자인	북컴

출판등록번호	제 10-1857호
등록일자	1999. 11. 15
등록된 곳	경기도 고양시 일산동구 호수로(백석동) 358-25 동문타워 2차 519호
대표 전화	0505-627-9784
팩스	031-902-5236
홈페이지	www.moabooks.com
이메일	moabooks@hanmail.net
ISBN	979-11-5849-122-2 03340

이 도서의 국립중앙도서관 출판예정도서목록(CIP)은 서지정보유통지원시스템 홈페이지
(http://seoji.nl.go.kr)와 국가자료종합목록 구축시스템(http://kolis-net.nl.go.kr)에서
이용하실 수 있습니다. (CIP제어번호 : CIP2019052203)

모아북스 MOABOOKS 는 독자 여러분의 다양한 원고를 기다리고 있습니다.
(보내실 곳 : moabooks@hanmail.net)